世界典型奶业国家
　　产业发展现状与趋势

◎ 张　超　彭　华　王　俊　等著

中国农业科学技术出版社

图书在版编目（CIP）数据

世界典型奶业国家产业发展现状与趋势／张超等著. --北京：中国农业科学技术出版社，2021.12
　ISBN 978-7-5116-5524-0

Ⅰ.①世…　Ⅱ.①张…　Ⅲ.①乳品工业-产业发展-研究-世界　Ⅳ.①F416.82

中国版本图书馆CIP数据核字（2021）第200744号

责任编辑　金　迪
责任校对　李向荣
责任印制　姜义伟　王思文

出 版 者	中国农业科学技术出版社 北京市中关村南大街12号　邮编：100081
电　　话	（010）82106625（编辑室） （010）82109702（发行部） （010）82109709（读者服务部）
传　　真	（010）82109698
网　　址	http://www.castp.cn
经 销 者	各地新华书店
印 刷 者	北京建宏印刷有限公司
开　　本	185 mm×260 mm　1/16
印　　张	9.75
字　　数	205千字
版　　次	2021年12月第1版　2021年12月第1次印刷
定　　价	100.00元

版权所有·翻印必究

《世界典型奶业国家产业发展现状与趋势》著者名单

主　　著：张　超　彭　华　王　俊

副 主 著：王兴文　祝文琪　付　瑶　韩　萌

参著人员：张　超　彭　华　王　俊　王兴文

　　　　　祝文琪　付　瑶　韩　萌　赵小伟

　　　　　刘永胜　夏千童　齐志国　颜志辉

　　　　　董晓霞　农杰宁　郭江鹏　孙志华

　　　　　张海涛　龙　燕　袁文焕

前　言

联合国粮食及农业组织（FAO）数据显示，2010—2020年，全球人均乳制品消费量由104.6千克/年上升至116.1千克/年，在消费的推动下，全球牛奶生产量由7.2亿吨增长至9.1亿吨。在以液态奶消费为主的时代，奶业市场是非常区域化的，牛奶的生产、加工和销售都在本国进行。而随着乳制品生产的规模化发展，牛奶被转化为货架期更长的奶油、奶酪等干乳制品，使得乳制品跨国贸易更加便利。2010—2020年，全球乳制品贸易量由4 780万吨增长至8 570万吨，占生产量的比例也由6.6%增长至9.5%。新西兰、欧盟27国、美国和澳大利亚等国家作为主要出口国，其出口量占世界贸易量的比例稳定在72%~73%，保证了世界乳制品贸易的稳定供应。牛奶短缺地区如非洲和亚洲尤其是中国对乳制品的需求强劲，推动了世界乳制品贸易量的不断增长。

据统计，2010—2020年间，中国人均乳制品占有量从28.6千克/人上升至38.2千克/人，仅为全球平均水平的1/3，消费潜力巨大。一旦中国市场潜在需求变为现实，谁来保证巨大的市场需求，这需要我们自身的努力，但也必定离不开国际的合作和世界贸易。

中国奶业是"舶来品"，产业化发展不过数十年的时间，世界奶业强国的现在就是中国奶业发展的未来，分析其发展历程，对于科学判断我国奶业发展所处的阶段，探索奶业未来发展的现代化道路，具有重要借鉴意义。

2020年中国进口乳制品1 875万吨（折合生鲜乳），占国内需求量的34.8%和全球贸易量的21.9%，分别比2010年提高了18.1个和8.5个百分点。知己知彼，百战不殆，通过分析世界主要奶业国家奶业生产及贸易现状，可为进一步优化我国乳制品贸易的进口国别和地区结构，制定实施战略性的多元化进口政策提供依据。

利用FAO、美国农业部、OECD数据库的数据，本书分析了全球奶业生产、消费及贸易情况，并对国际奶业发展趋势进行了分析。同时本书以加拿大、印度、波兰、乌拉圭、智利、以色列、丹麦7个牛奶生产国及消费国为研究对象，利用各国国家统计局、奶业统计年报及国际机构数据库的乳制品贸易数据，分析各国奶牛养殖、生鲜乳销售、乳制品加工及消费等奶业生产现状，乳制品、种牛、苜蓿草等的贸易现状。并从乳制品贸易、种牛进出口、行业交流、企业投资合作、政府合作等方面论述与中国的奶业合作现状，最后对两国的未来合作进行展望。

本书的奶牛养殖现状部分主要分析近20年甚至更长时间全球及主要奶业生产国

产奶量、奶牛单产、养殖场数量、牛群规模、养殖方式、品种等变化情况，直观理解我国与该国奶牛养殖存在差距的原因。生鲜乳销售主要介绍生鲜乳即原料奶的销售方式、定价机制、奶价近几年的变化情况等，为我国制定养殖加工利益联结机制提供参考。乳制品加工主要介绍该国主要乳品加工企业类型，主要乳制品产量、产值等。乳制品消费主要介绍全球及主要奶业生产国各类乳制品消费情况，并探讨其成因，为我国开展乳制品消费宣传提供参考。奶业贸易部分主要介绍乳制品、活牛、苜蓿等的贸易量及贸易国，进出口形势变化等，为我国拓宽进口来源国提供参考。

本书内容全面、数据翔实，信息量大，是奶业行业主管部门、奶业协会、奶业科研工作者、奶牛养殖及乳制品加工等从业人员了解世界奶业发展的重要参考资料。

本书的著者以中国农业科学院农业信息研究所《中国乳业》编辑部多年从事奶业研究的团队成员为主，同时邀请了北京市农林科学院、天津农学院、安徽省农业科学院畜牧兽医研究所、北京市畜牧总站、全国畜牧总站、辽宁越秀辉山控股股份有限公司、天津市武清区农业发展服务中心等机构长期从事奶业研究的青年学者参与了相关章节的撰写。其中国际奶业发展现状与趋势分析由彭华、张超、董晓霞、王俊撰写，加拿大由王兴文、付瑶撰写，波兰由彭华、刘永胜和孙志华撰写，印度由赵小伟、彭华、张海涛撰写，丹麦由韩萌、齐志国撰写，乌拉圭由祝文琪、付瑶、农杰宁撰写，智利由夏千童、龙燕撰写，以色列由颜志辉撰写。本书的体系设计、内容审核、通稿把关由张超、彭华、王俊、郭江鹏负责。

本书出版得到了农业农村部农产品质量安全监管专项经费——生鲜乳质量安全监管资助。在课题研究中得到了国内众多领导、专家学者的帮助与指导，在此一并表示感谢。特别感谢阿菲金中国区总裁李鑫对以色列部分撰写的支持。

本书以资料查阅为主，部分国家由于语言不通，数据不够全面，而且缺少实地调研，对各个国家奶业发展认识体会也不深，加上作者水平有限，书中疏漏或不妥之处在所难免，恳请广大读者批评指正。

著　者

2021 年 7 月

目　　录

1 国际奶业发展现状与趋势 ………………………………………… 1
　1.1 奶业生产 ……………………………………………………… 1
　1.2 乳制品消费 …………………………………………………… 5
　1.3 乳制品贸易 …………………………………………………… 10
　1.4 国际奶业发展的趋势分析 …………………………………… 22

2 加拿大奶业发展及与中国合作现状 ……………………………… 24
　2.1 加拿大奶业基本情况 ………………………………………… 25
　2.2 中国与加拿大奶业合作现状 ………………………………… 38
　2.3 结论与政策启示 ……………………………………………… 40

3 印度奶业发展及与中国合作现状 ………………………………… 43
　3.1 印度奶业基本情况 …………………………………………… 44
　3.2 中国与印度奶业合作现状 …………………………………… 57
　3.3 对我国奶业发展的启示 ……………………………………… 58

4 波兰奶业发展及与中国合作现状 ………………………………… 61
　4.1 波兰奶业基本情况 …………………………………………… 62
　4.2 中国与波兰奶业合作现状 …………………………………… 78
　4.3 合作展望 ……………………………………………………… 80

5 乌拉圭奶业发展及与中国合作现状 ……………………………… 82
　5.1 乌拉圭奶业基本情况 ………………………………………… 83
　5.2 中国与乌拉圭奶业合作现状 ………………………………… 94
　5.3 合作展望 ……………………………………………………… 95

6 智利奶业发展及与中国合作现状 ………………………………… 97
　6.1 智利奶业基本情况 …………………………………………… 97
　6.2 中国与智利奶业合作现状 …………………………………… 110
　6.3 合作展望 ……………………………………………………… 112

7 以色列奶业发展及与中国合作现状 ·············· 114
7.1 以色列奶业基本情况 ······················ 115
7.2 中国与以色列奶业合作现状 ·················· 125
7.3 合作展望 ···························· 126

8 丹麦奶业发展及与中国合作现状 ················ 129
8.1 丹麦奶业基本情况 ······················· 130
8.2 中国与丹麦奶业合作现状 ··················· 143
8.3 合作展望 ···························· 145

1 国际奶业发展现状与趋势

摘　要：本文概述了全球奶业生产、消费、贸易现状及未来发展趋势。从奶业生产看，全球奶类生产以牛奶为主，存栏和单产对牛奶产量的影响呈阶段性特征，牛奶主产区逐渐由欧洲转向亚洲。从消费看，全球人均乳制品消费量波动上升，其中液体乳消费总体呈波动下降趋势，奶酪消费一直呈持续增长趋势。欧洲、北美洲、大洋洲三个地区的乳制品消费量较高。亚洲地区消费量虽低，但一直呈增长趋势，在其拉动下，全球乳制品贸易量总体呈增长趋势。全球可供出口的乳制品主要集中在新西兰、美国、欧盟、白俄罗斯、澳大利亚、阿根廷、乌拉圭等7个国家和地区，全球乳制品贸易以干乳制品为主。新西兰奶粉和黄油出口始终稳居第一，美国是乳清和奶酪出口的后起之秀，欧盟鲜奶出口始终稳居第一。乳制品进口则主要集中在亚洲和非洲地区，且进口国相对分散。未来牛奶产量的提升将同时依赖奶牛存栏和单产的增长，亚洲地区乳制品消费未来增长空间较大，中国、俄罗斯仍将是乳制品进口市场的主要参与者。

关键词：全球奶业；生产；消费；贸易

1.1 奶业生产

1.1.1 全球奶类生产仍以牛奶为主

全球奶畜品种主要有奶牛、水牛、奶山羊、奶绵羊和骆驼等。根据联合国粮食及农业组织（FAO）数据，1961—2019年全球奶类产量呈持续增长趋势，由1961年的3.44亿吨增至2019年的8.83亿吨，增加了1.6倍。全球奶类生产仍以牛奶为主，牛奶产量占奶类总产量的比重一直在90%以上，2019年达到96%（图1-1），其中牛奶产量包括奶牛奶和水牛奶两种，过去近60年里，奶牛奶和水牛奶的占比发生了变化，其中奶牛奶占奶类总产量的比例由1961年的91%下降至2019年的81%，下降了10个百分点，水牛奶占奶类总产量的比例由1961年的5%上升至2019年的15%，上升了10个百分点（图1-2）。2019年牛奶产量排名前20的国家中，大部分国家以奶牛奶生产为主,印度和巴基斯坦水牛奶生产量较大,中国及土耳其有一定生产量(表1-1)。因此,本文分析中,印度和巴基斯坦奶类生产包括奶牛奶和水牛奶,其余国家仅包括奶牛奶。

表1-1 2019年全球前10位奶业主产国奶产量　　　　单位:万吨

排名	国家/地区	奶牛奶产量	水牛奶产量	奶类产量	乳制品自给率(%)
1	印度	9 000	9 200	18 200	100.2
2	欧盟	16 806	0	16 806	102.7
3	美国	9 906	0	9 906	110.2
4	巴基斯坦	2 061	3 437	5 498	99.0
5	巴西	3 589	0	3 589	97.7
6	中国	3 201	293	3 494	72.4
7	俄罗斯	3 109	0	3 109	89.0
8	新西兰	2 187	0	2 187	1083.1
9	哥伦比亚	2 185	0	2 185	98.0
10	土耳其	2 078	8	2 086	104.8

数据来源:FAO。

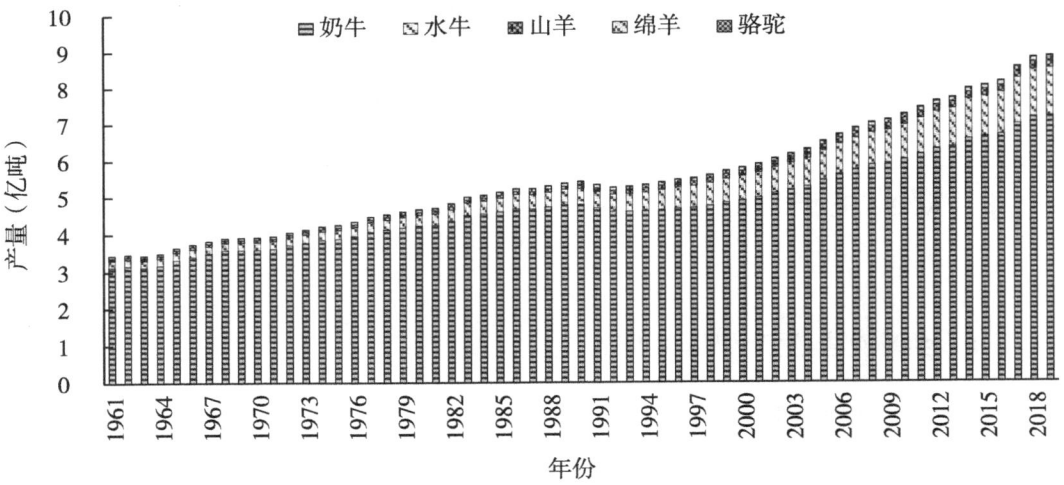

图1-1 1961—2019年全球不同奶畜奶类生产情况
(数据来源:FAO)

1.1.2 存栏和单产对牛奶产量的影响呈阶段性特征

1961—2019年,全球奶牛奶产量总体呈增长趋势,从3.14亿吨增长至7.16亿

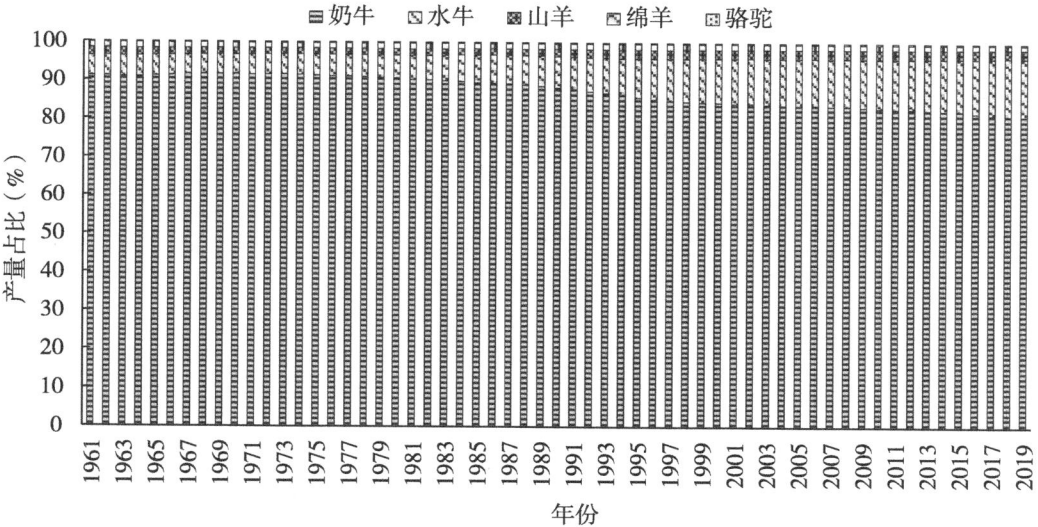

图 1-2　1961—2019 年全球不同奶畜奶类生产占比情况
（数据来源：FAO）

吨。但 1990—1994 年出现例外，由于单产及存栏同时降低，全球奶牛奶产量持续下降，从 1990 年的 4.79 亿吨下降至 1994 年的 4.67 亿吨，下降了 2.48%（图 1-3）。而在奶牛奶产量出现增长的年份，不同的年份受到单产和存栏的影响有所不同。1960—1970 年、1981—1985 年、1996—2000 年、2016—2019 年，这 4 个时间段，奶牛奶产量的增长更多是单产增长的结果。1976—1980 年、2001—2010 年，

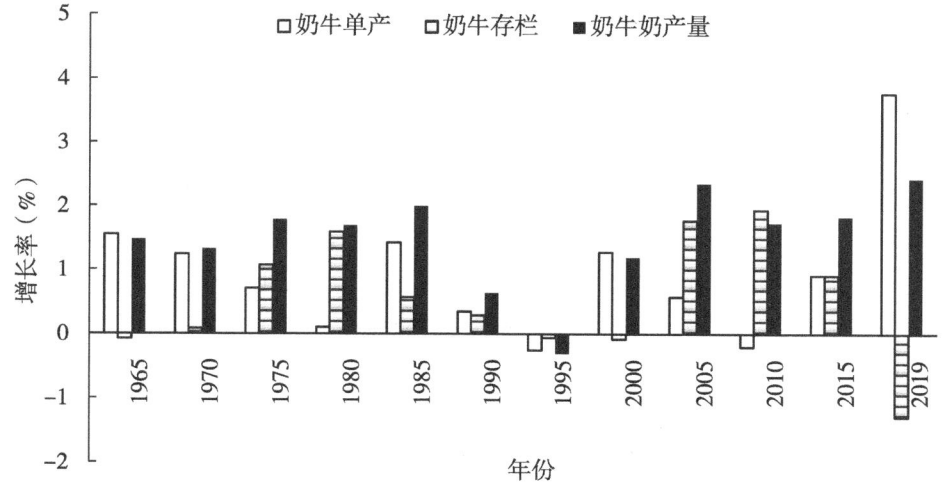

图 1-3　1965—2019 年全球奶牛生产情况
注：图中数据为每 5 年的年均增长率。
（数据来源：FAO）

这两个时间段，奶牛奶产量的增长受存栏增长的影响。1971—1975 年、1986—1990 年、2011—2015 年这三个时间段奶牛奶产量的增长受存栏和单产增长的影响相当。1961—2019 年，全球水牛奶产量呈持续增长趋势，但大部分年份奶产量增长主要依赖于存栏的增长，仅个别年份如 1991—1995 年主要依赖于单产的增长（图 1-4）。

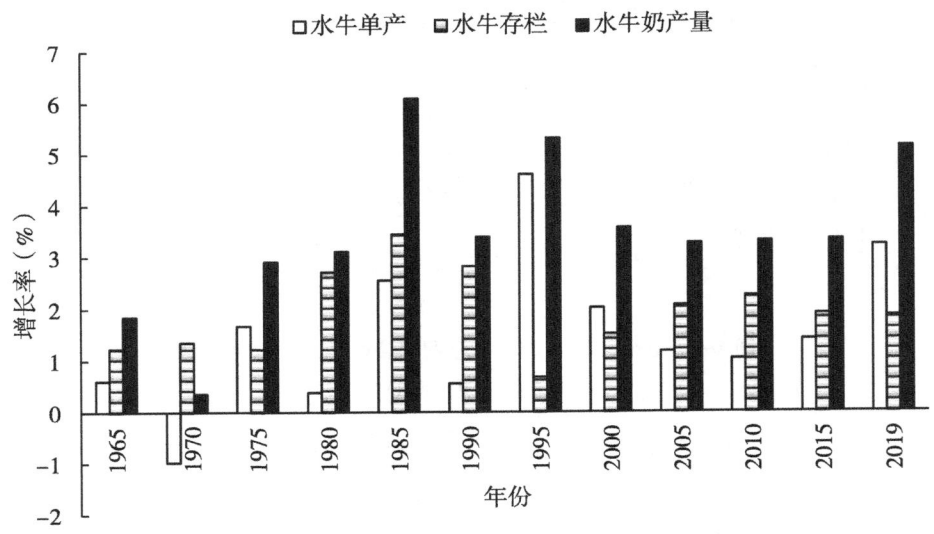

图 1-4　1965—2019 年全球水牛生产情况

注：图中数据为每 5 年的年均增长率。

（数据来源：FAO）

1.1.3　牛奶主产区逐渐由欧洲转向亚洲

1961—2019 年，亚洲的牛奶生产量从 0.38 亿吨增长至 3.52 亿吨，增长了 8 倍多。亚洲在 1983 年首次超过北美洲成为全球第二大牛奶生产洲，在 2006 年超过欧洲成为全球第一大牛奶生产区。亚洲牛奶生产的崛起主要得益于印度、巴基斯坦、中国、土耳其、日本等 5 个国家产量的大幅增长，增长量分别占到亚洲地区的 51.6%、15.6%、10.6%、5.0% 和 1.7%。欧洲地区牛奶产量在 1990 年增长至最高值（2.77 亿吨）后逐年下降，直到 2013 年之后才开始恢复上升，但直至 2019 年，也没有恢复至历史最高水平，主要是因为苏联解体后新成立的独联体国家的牛奶产量持续下降。北美洲的牛奶产量在 1974 年下降至最低点 6 006 万吨之后，逐年上升。主要得益于美国牛奶产量的逐年上升，南美洲牛奶产量则一直呈增长趋势，尤其在 2016 年之后增幅明显，2016—2019 年增长了 1 708 万吨，相当于过去 12 年的增长量（图 1-5）。

1 国际奶业发展现状与趋势

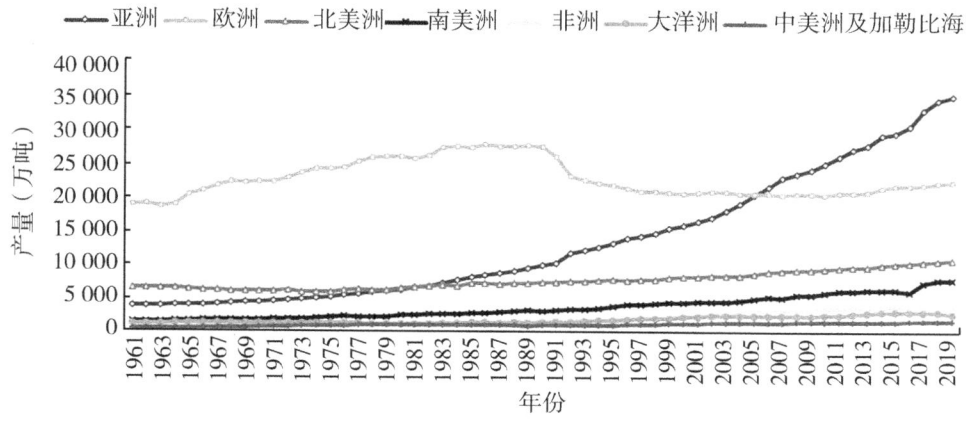

图 1-5　1961—2019 年不同地区牛奶产量变化情况
（数据来源：FAO）

1.2　乳制品消费

1.2.1　全球乳制品人均消费量波动上升

总体来看，全球乳制品人均消费量变化趋势可分为三个阶段：第一阶段（1961—1984 年）为缓慢下降阶段，从 107.2 千克/（人·年）下降至 101.8 千克/（人·年），降低了 5.4 千克/（人·年），牛奶生产量增长了 52.4%，但低于人口增长率 60.4%；第二阶段（1985—1996 年）为快速下降阶段，从 101.9 千克/（人·年）下降至 90.1 千克/（人·年），降低了 11.8 千克/（人·年），牛奶生产量仅增长了 4%，远低于人口增长率（15.3%）。第三阶段（1997—2019 年）为快速上升阶段，从 89.4 千克/（人·年）上升至 110.7 千克/（人·年），增加了 21.3 千克/（人·年），牛奶生产量增长了 60.9%，远高于人口增长率 29.9%（图 1-6）。

1.2.2　不同乳制品消费变化趋势有差异

1964—2020 年液态奶消费总体呈波动下降趋势。在 1967 年达到历史最高点的 99.79 千克/（人·年）后，缓慢下降至 1991 年的 88.68 千克/（人·年），之后急剧下降，1998 年达到最低点 69.72 千克/（人·年），之后缓慢增长，2018 年增长至 82.13 千克/（人·年），但仍未达到 1991 年之前的水平。奶酪消费一直呈持续增长趋势，从 1964 年的 1.08 千克/（人·年）增长至 2018 年的 2.62 千克/（人·年）。全脂乳粉和脱脂乳粉在 1984 年达到最高点之后急剧下降，再缓慢增长。全脂乳粉在

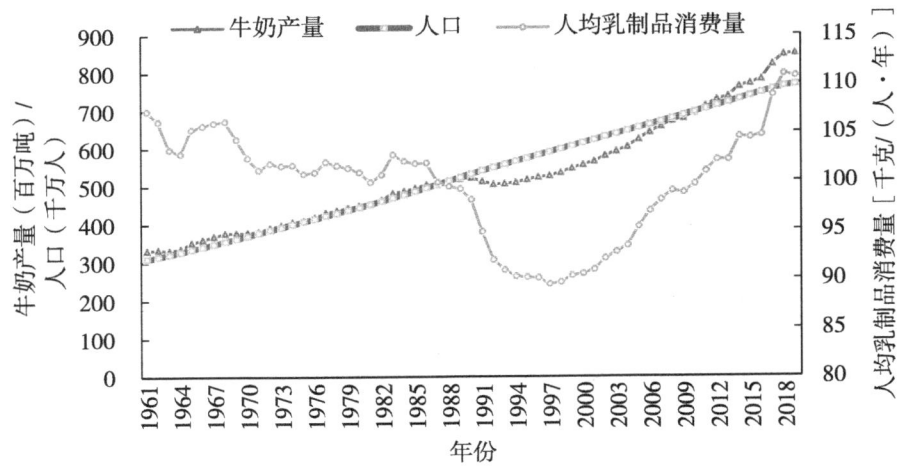

图1-6　1961—2018年奶类生产与消费情况

(数据来源：FAO)

1984年达到最高点[0.85千克/(人·年)]之后，急剧下降至1994年的0.28千克/(人·年)，再缓慢增长至2018年的0.42千克/(人·年)。脱脂乳粉在1984年达到最高点[0.83千克/(人·年)]之后，急剧下降至1995年的0.47千克/(人·年)，再缓慢增长至2018年的0.52千克/(人·年)。黄油缓慢增长至1988年之后急剧下降，之后又逐渐增长。从1964年的1.30千克/(人·年)缓慢增长至1988年的1.37千克/(人·年)，之后急剧下降至1997年的0.83千克/(人·年)，随后逐渐增长至2018年的1.32千克/(人·年)(图1-7)。

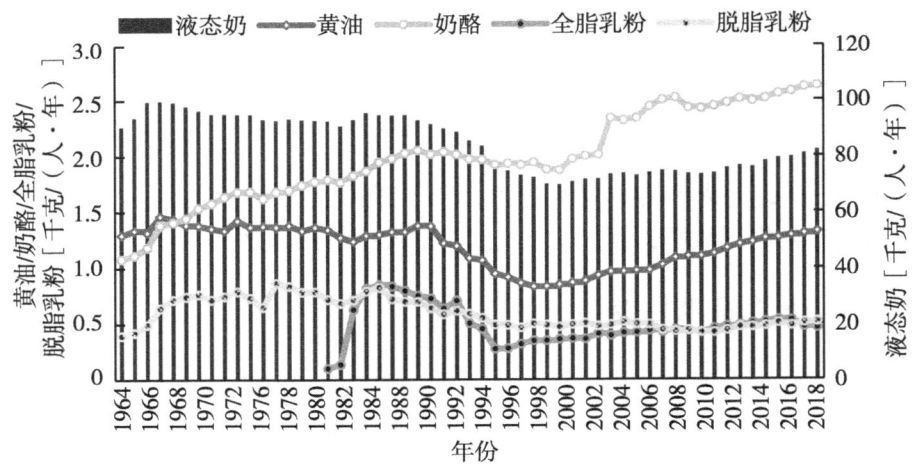

图1-7　1964—2018年全球不同乳制品人均消费量变化情况

(数据来源：美国农业部)

1.2.3 不同地区乳制品消费存在较大差异

分地区看，欧洲、北美洲、大洋洲三个地区的乳制品消费量较高，乳制品人均消费量在200千克/（人·年）（折合生鲜乳）以上。非洲地区消费量最低，在35千克/（人·年）左右。消费量从变化情况看，欧洲地区总体呈先降低后升高趋势，从1990年的341.9千克/（人·年）下降至2012年的257.2千克/（人·年）后，缓慢增长，2018年增至276.1千克/（人·年），相当于1998年的消费水平。亚洲地区消费量一直呈增长趋势，从1990年的32.6千克/（人·年）增长至2019年的83.9千克/（人·年），增长了1.6倍（图1-8）。

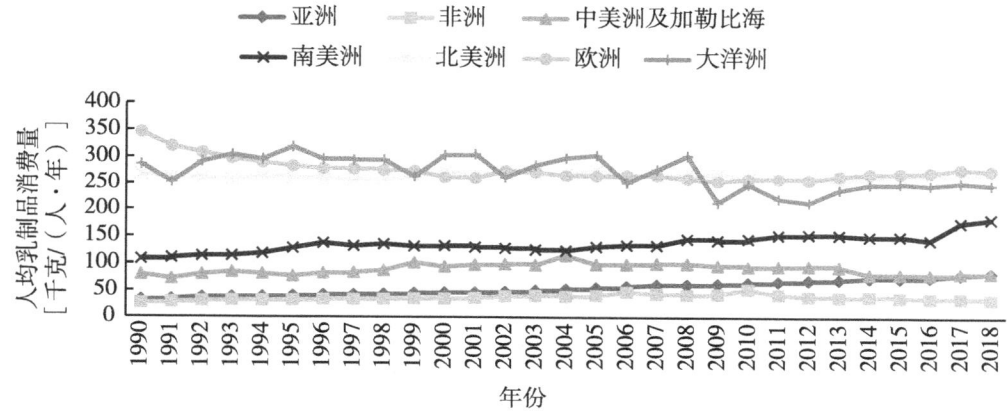

图1-8　1990—2018年不同地区乳制品消费量变化情况

注：乳制品人均消费量=（牛奶生产量+进口量−出口量）/人口。牛奶生产量及人口数据来源于FAO，进口量及出口量数据来源于联合国商品贸易统计数据库。

1.2.4 不同地区乳制品消费品类存在差异

液态奶消费，欧洲消费量最高，其次是北美洲。亚洲地区呈逐年上升趋势，近年来逐渐接近全球平均水平。其他地区总体呈下降趋势（图1-9a）。黄油消费，大洋洲消费量最大，欧洲排名第二，北美洲排名第三，除大洋洲2009年之后大幅增加外，其他地区一直呈缓慢增长趋势（图1-9b）。奶酪消费，所有地区均呈逐年增长趋势，北美洲消费量最高，其次是欧洲，大洋洲排名第三，亚洲和非洲消费量较低。黄油和奶酪消费，亚洲和非洲均低于全球平均水平，其余地区则高于全球平均水平（图1-9c）。脱脂乳粉消费，大洋洲消费量最高，且呈波动上升趋势。其次是北美洲和欧洲，亚洲和非洲消费量较低（图1-9d）。全脂乳粉消费，2009年以前是大洋洲最高，2009年以后则是拉丁美洲最高，北美洲消费量最低（图1-9e）。

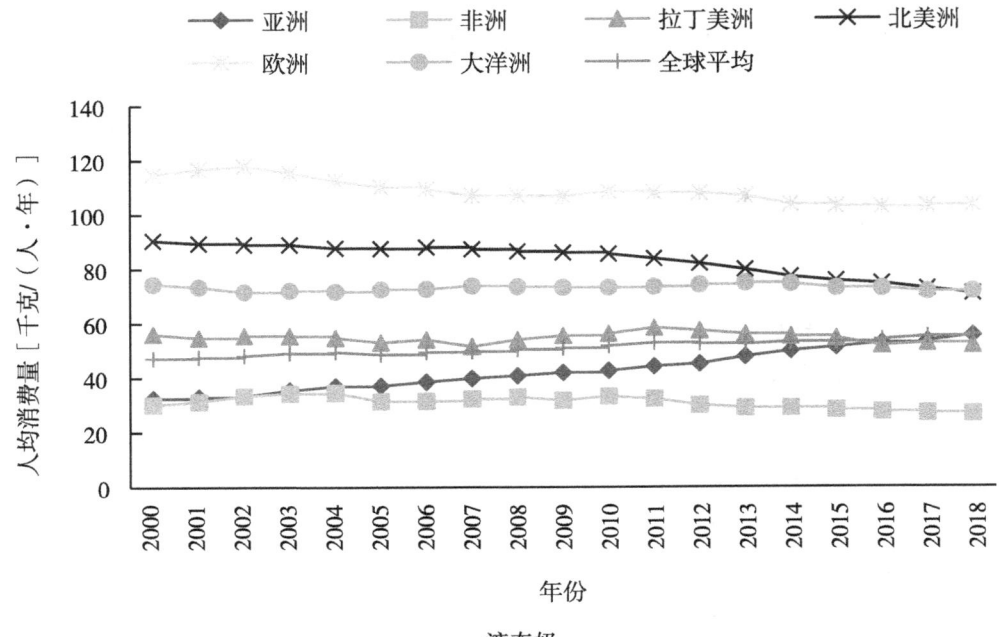

a. 液态奶

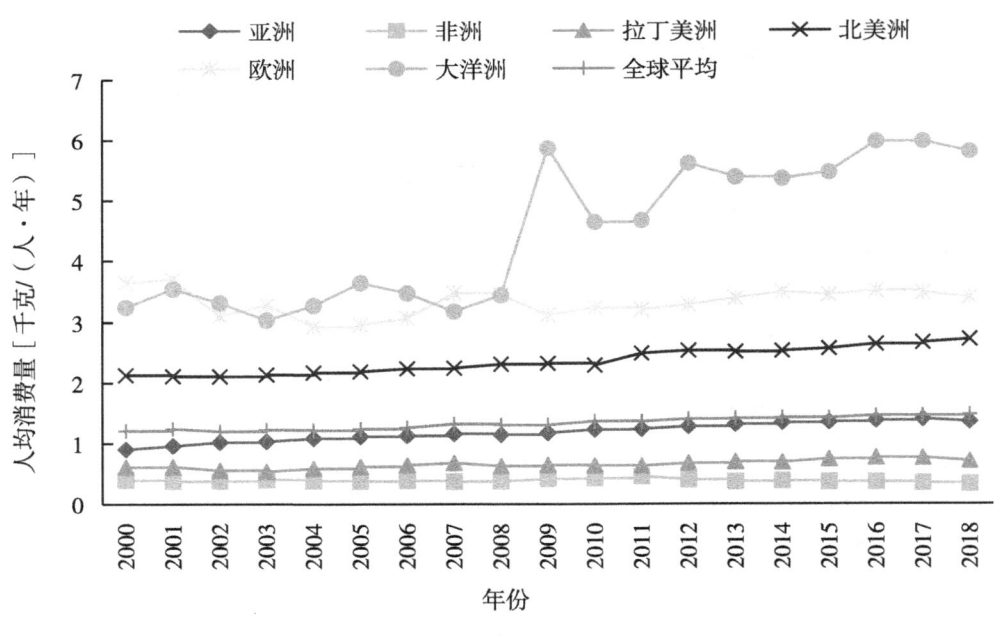

b. 黄油

图 1-9 2000—2018 年各地区不同乳制品人均消费情况

(数据来源：OECD)

1 国际奶业发展现状与趋势

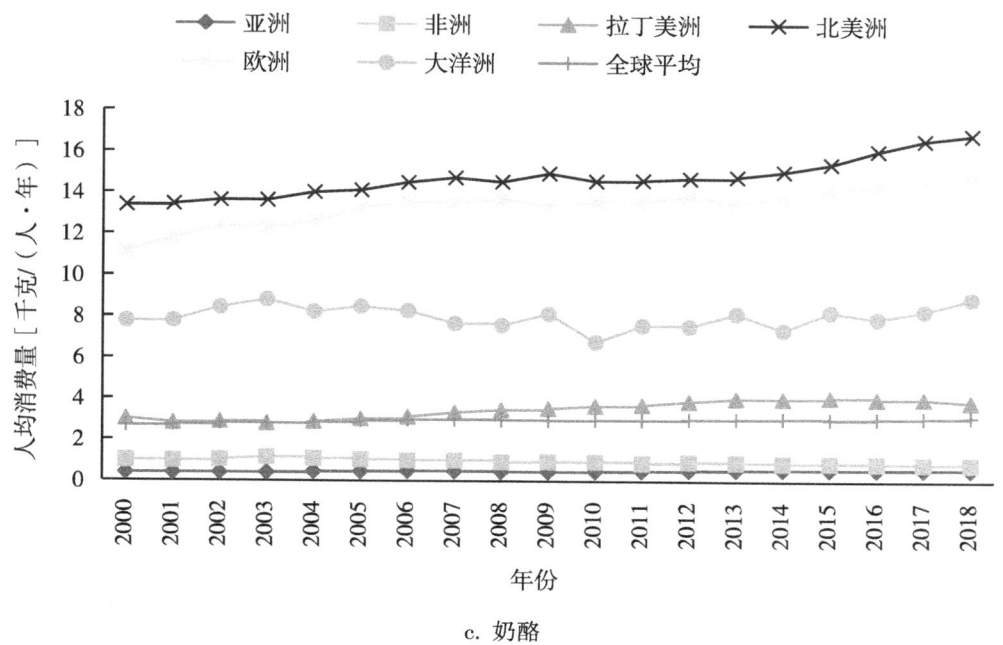

c. 奶酪

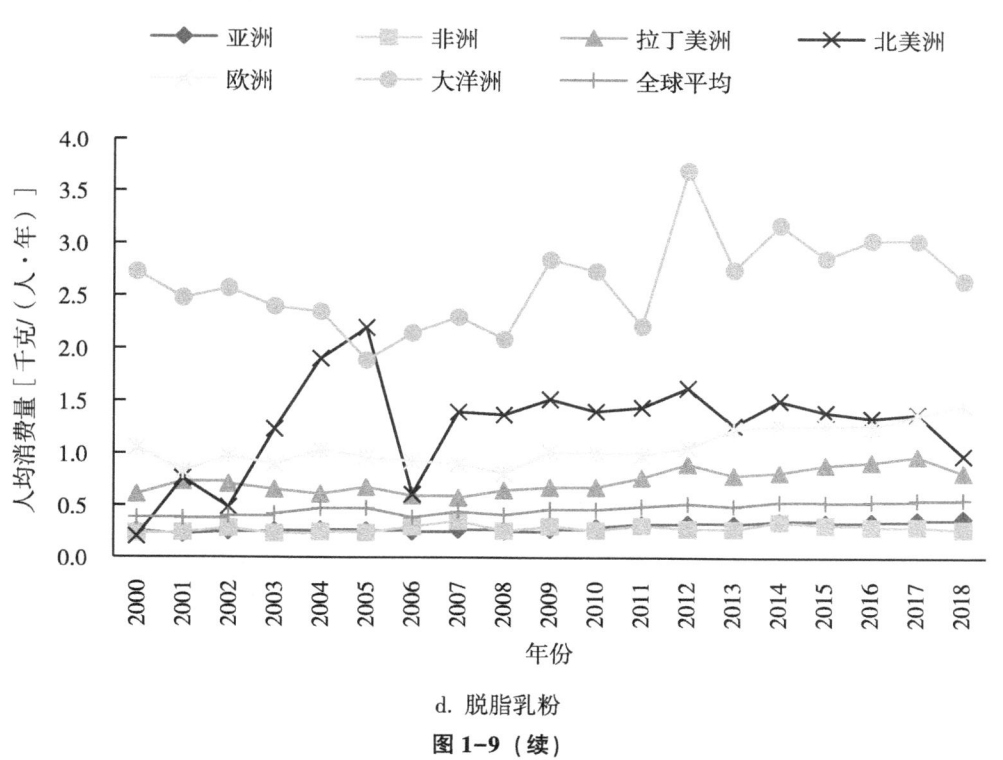

d. 脱脂乳粉

图1-9（续）

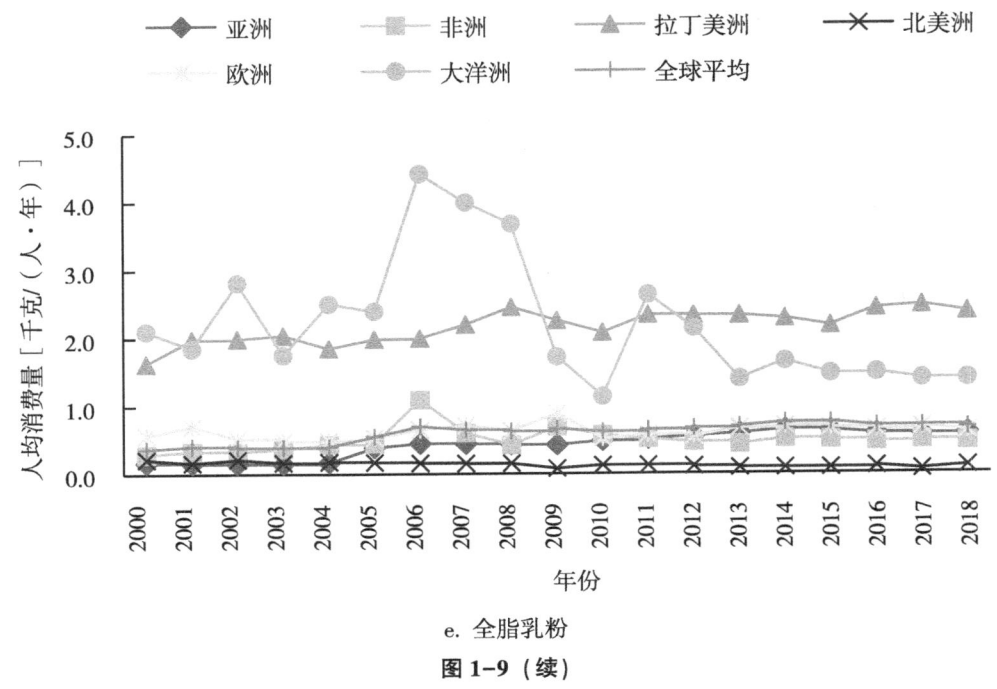

e. 全脂乳粉

图 1-9（续）

1.3 乳制品贸易

1.3.1 乳制品出口

（1）全球乳制品贸易量总体呈增长趋势

2000—2019 年，全球乳制品出口量从 2000 年的 2 528 万吨增长至 2019 年的 6 012 万吨，增长了 1.4 倍（图 1-10）；出口量占生产量的比例也由 2000 年的 4.6% 增长至 2019 年的 7.1%，增长了 2.5 个百分点。大洋洲的出口量始终排名第一（图 1-11）。

（2）乳制品出口相对集中

全球乳制品出口主要集中在 7 个国家和地区。乳及乳制品主要在生产国消费，全球乳制品出口国主要集中在新西兰、美国、欧盟、白俄罗斯、澳大利亚、阿根廷、乌拉圭 7 个国家和地区。2000—2019 年，这 7 个国家（地区）净出口量占到全球净出口量的 91% 左右。其中新西兰占比最高，达到 43.1%，美国排名第二（18.8%），欧盟排名第三（8.5%）。2000—2016 年乳制品净出口量逐渐增长，2016 年以后，除了欧盟和乌拉圭，其余国家和地区均出现不同程度的下降，导致净出口总量大幅降低，2018 年有所增长，但 2019 年继续下降（图 1-12）。乳制品出口排名前 10 的国家和地区存在潜力出口国。2000—2019 年，乳制品净出口量排名进入前 10 位的除了以上

1 国际奶业发展现状与趋势

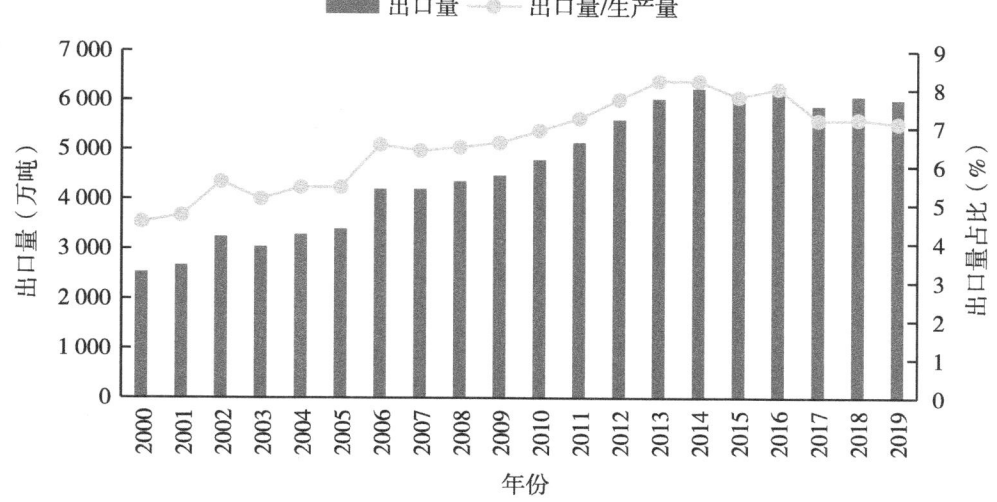

图1-10　1990—2019年全球乳制品贸易情况
（数据来源：联合国商品贸易统计数据库）

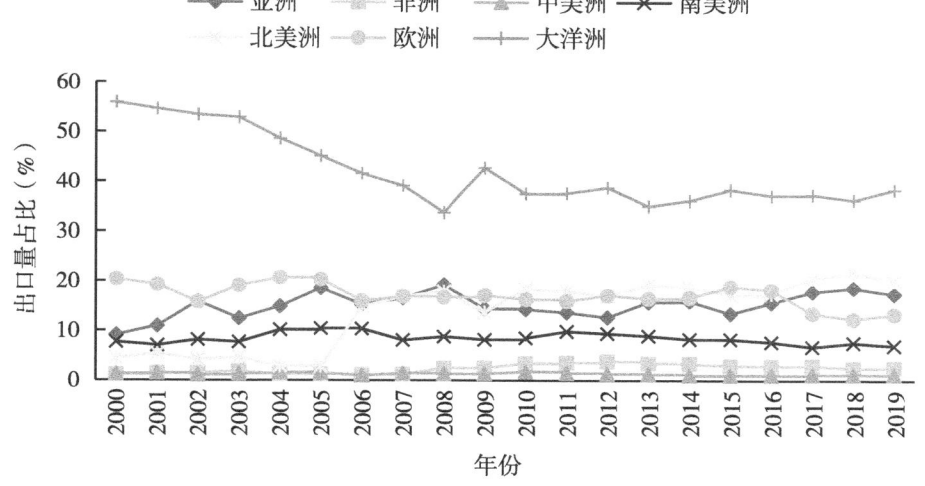

图1-11　2000—2019年不同地区乳制品出口量占全球比例
（数据来源：联合国商品贸易统计数据库）

7个国家和地区，还包括土耳其、乌克兰、瑞士、印度、南非、挪威、智利等7个国家（图1-13），其中有3个国家奶类产量位居全球前15位（表1-1），其中土耳其在2016年之后净出口增长明显，奶粉、乳清、奶酪的出口量相对较多，2019年出口量分别排名全球第14位、第6位和第8位。

（3）乳制品进出口品类存在较大差异

总体来看，由于液态奶不易保存，且含水量较高，长途运输成本高，全球乳制品

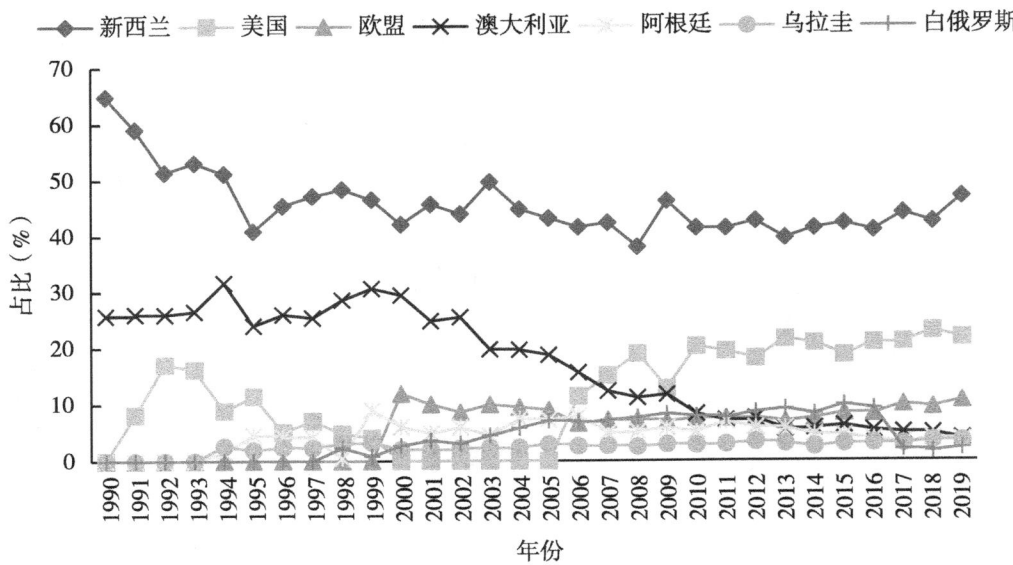

图 1-12 2000—2019 年 7 个国家和地区乳制品净出口占比情况
(数据来源：联合国商品贸易统计数据库)

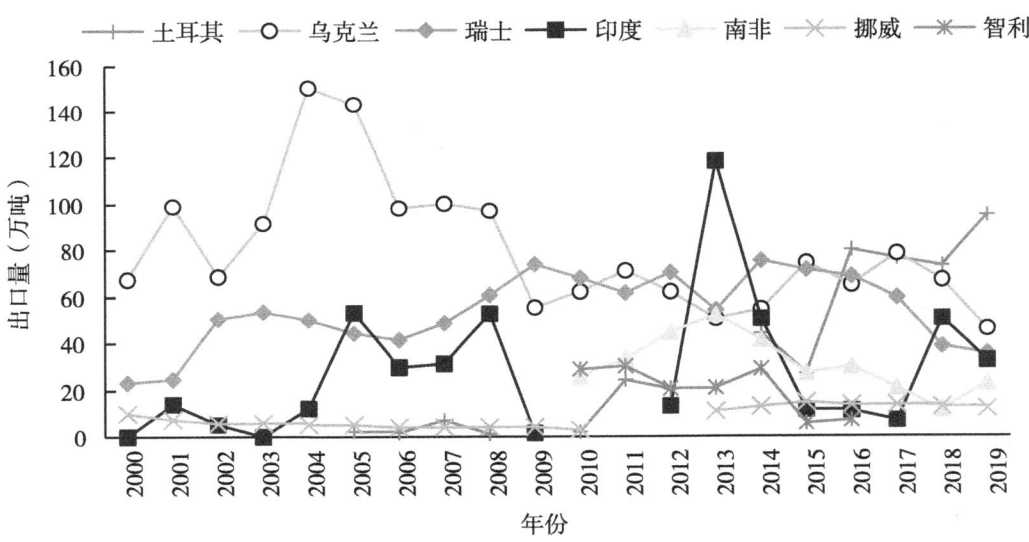

图 1-13 2000—2019 年潜力出口国乳制品净出口情况
(数据来源：联合国商品贸易统计数据库)

出口以干乳制品为主。其中奶粉出口量最大，2013 年之前快速增长，由 2000 年的 1 493 万吨增长至 2013 年的 3 469 万吨，年均增速 6.7%，2013 年之后趋于平稳。2006 年以前，奶酪及黄油的出口量接近（440 万吨左右），但随着乳清出口量的持续上升，2006 年以后乳清出口量接近奶酪，之后逐渐超过奶酪的出口量。鲜奶和酸奶的出口量一直呈持续增长趋势，但出口量较小，分别在 5 万吨和 2 万吨以下，占全球乳制品出口量的比例在5%以下。乳制品进口品类呈现类似规律（图1-14）。

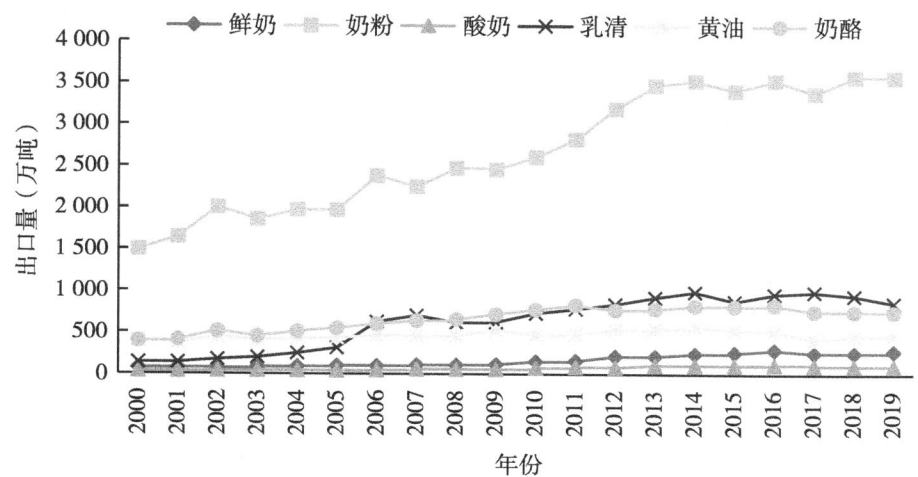

图1-14　2000—2019年不同乳制品出口量情况
（数据来源：联合国商品贸易统计数据库）

（4）黄油、奶粉、乳清、奶酪出口主要集中在7个主要乳制品出口国家和地区

全球黄油、奶粉、乳清和奶酪出口主要集中在新西兰、美国、欧盟、澳大利亚、白俄罗斯、阿根廷、乌拉圭7个国家和地区。其中，黄油最大，虽整体呈下降趋势，但占比一直在80%以上。乳清在2006年之后稳定在70%以上，奶粉大部分年份也在70%以上，奶酪除2008—2011年在60%以上，其余年份均在65%以上。酸奶及鲜奶比例较低，2013年之后逐渐降至30%以下（图1-15）。

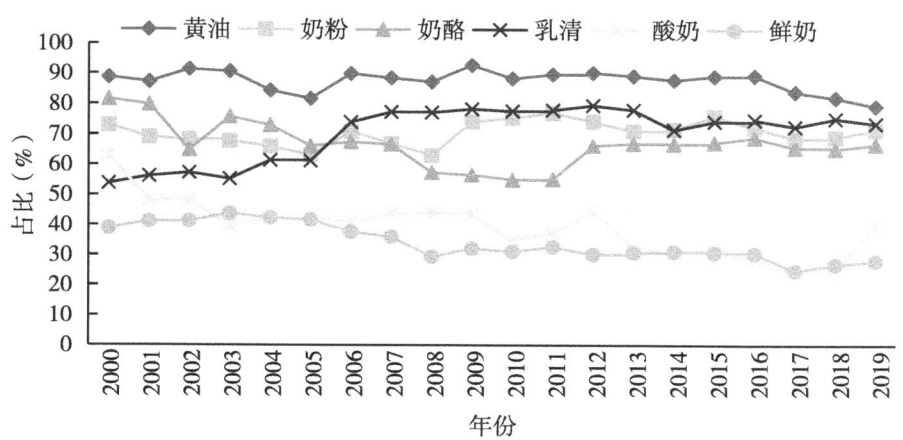

图1-15　2000—2019年7个主要乳制品出口国家和地区的不同乳制品出口量占全球贸易比例
（数据来源：联合国商品贸易统计数据库）

（5）主要乳制品出口国家和地区出口乳制品品类存在差异

7个国家和地区奶粉的出口量均为最大。新西兰黄油排名第二、奶酪排名第三，

乳清排名第四（图1-16a）。美国乳清排名第二，奶酪排名第三（图1-16b）。欧盟2014年之前是奶酪排名第二，乳清排名第四，2014年之后则是鲜奶排名第二，奶酪排名第三，乳清排名第四（图1-16c）。澳大利亚所有乳制品出口量均呈逐年下降趋势，奶酪出口量排名第二（图1-16d）。白俄罗斯在2016年之前，所有乳制品出口均呈现逐年增长趋势，但2017—2019年主要以乳清出口为主，2019年乳清出口量排名全球第二（图1-16e）。

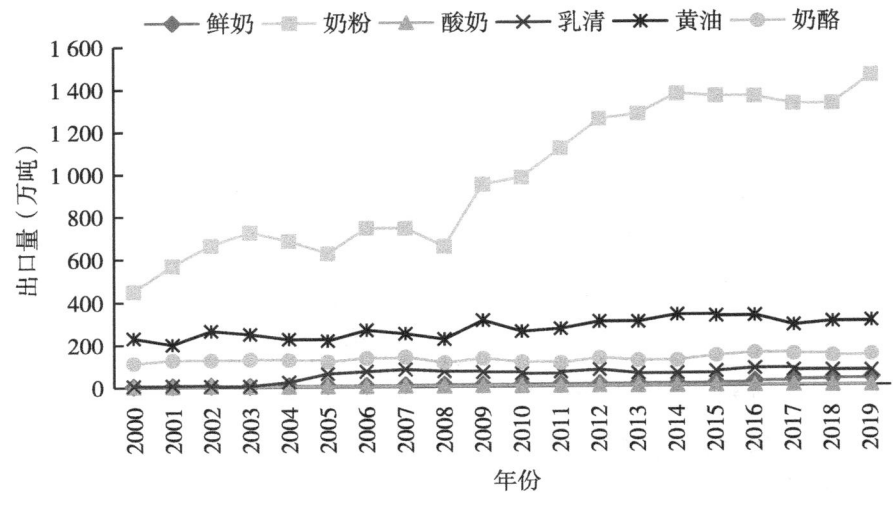

a. 新西兰

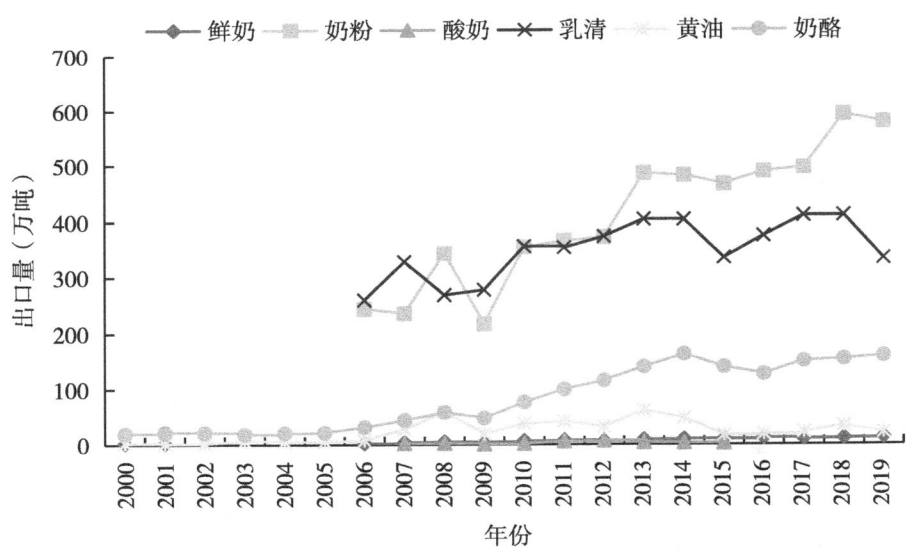

b. 美国

图1-16　2000—2019年7个国家和地区乳制品出口情况

（数据来源：联合国商品贸易统计数据库）

1 国际奶业发展现状与趋势

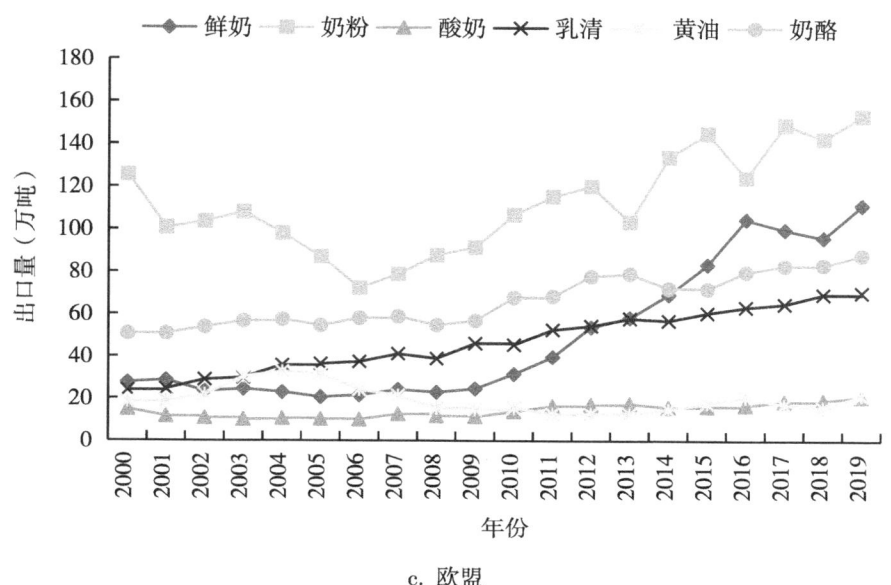

c. 欧盟

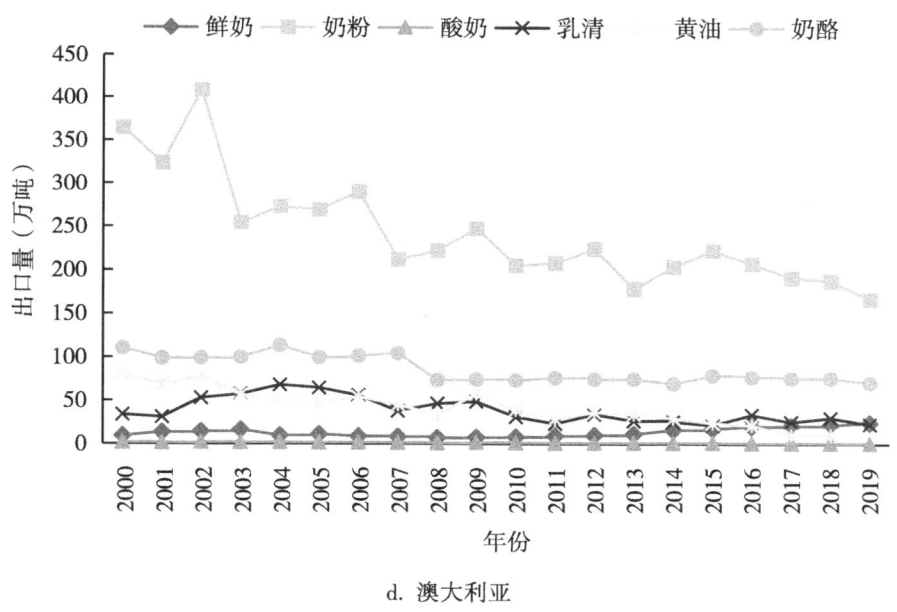

d. 澳大利亚

图 1-16（续）

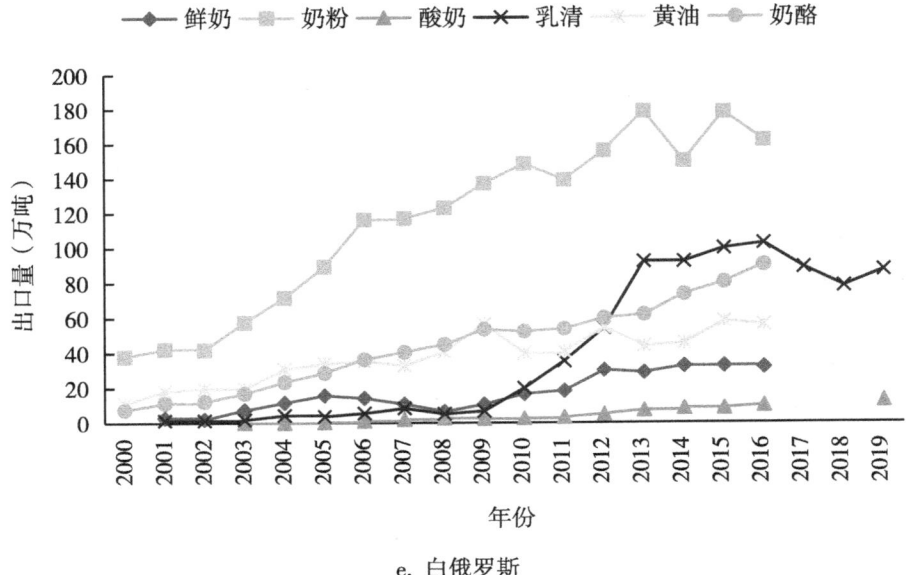

e. 白俄罗斯

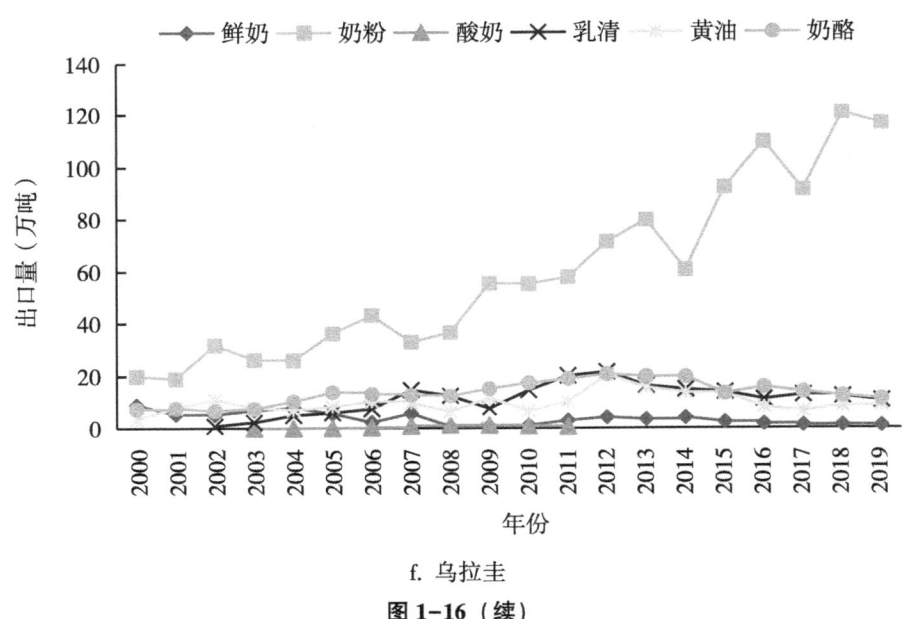

f. 乌拉圭

图1-16（续）

(6) 不同乳制品的优势出口国家和地区存在较大差异

新西兰奶粉和黄油出口始终稳居全球第一，美国是乳清和奶酪出口的后起之秀，欧盟鲜奶出口始终稳居第一，酸奶出口方面伊朗和沙特阿拉伯及欧盟3个国家和地区轮番居首位。具体如下。

奶粉出口方面，新西兰奶粉出口量一直排名第一，出口量占全球的比例也由 2000 年（452 万吨）的 30.2% 上升至 2019 年（1 455 万吨）的 40.8%。2006 年之前，澳大利亚排名第三，但出口量总体呈逐年下降趋势，占全球的比例从 2000 年（364 万吨）的 24.4% 下降至 2019 年（167 万吨）的 4.7%。2006 年之后美国排名第二，并持续增长，出口量占全球的比例从 2006 年（244 万吨）的 10.3% 增长至 2019 年（579 万吨）的 16.2%。沙特阿拉伯和阿联酋出口量持续上升，其中，沙特阿拉伯在 2016 年之后超过澳大利亚，排名第三；阿联酋在 2019 年超过澳大利亚，排名第四。

乳清出口方面，澳大利亚在 2005 年之前排名第一，之后持续下降。2006 年之后，一直是美国排名第一，出口量总体呈增长趋势，从 2006 年的 226 万吨增长至 2018 年的 411 万吨，2019 年再下降至 334 万吨，出口量占全球的比例在 43% 左右。2006—2012 年新西兰排名第二，出口量稳定在 63 万吨左右，占全球的比例在 10% 左右。2013—2019 年白俄罗斯排名第二，出口量在 90 万吨左右，占全球的比例在 10% 左右。

奶酪出口方面，在 2012 年之前，一直是新西兰排名第一，出口量稳定在 126 万吨左右，占全球的比例从 2000 年的 28.6% 下降至 2011 年的 13.5%，之后逐步回升，在 2014 年之后稳定在 20% 左右。美国在 2006 年之后出口量迅速增长，2013 年超过新西兰成为全球第一，出口量占全球的比例从 2000 年的 5.1% 增至 2014 年的 20%，之后稳定在此比例左右。澳大利亚在 2010 年之前排名第二，出口量从 2000 年的 110 万吨下降至 2008 年的 73 万吨之后，一直稳定在此水平，占全球总量的比例由 2000 年的 28.1% 下降至 2010 年的 10.1%，之后稳定。沙特阿拉伯在 2011 年之前出口量呈持续增长趋势，2011 年出口量甚至接近新西兰出口量，之后持续下降，在 2016 年下降至最低点后，出口量稳定在 31 万吨左右。埃及在 2012 年之后大幅增长，2016 年达到高峰（53 万）后开始下降，2019 年降至 53 万吨，排名第五。

黄油出口方面，新西兰一直排名第一，出口量总体呈先升高后降低的趋势，从 2000 年的 233 万吨增至 337 万吨再逐渐降至 2019 年的 307 万吨，占全球的 59% 左右。2006 年之前欧盟排名第二，之后美国排名第二，并波动变化。印度在 2017 年之后出口量大幅增长，2019 年出口量达到 28.8 万吨，全球排名第二。土耳其 2019 年出口量大幅增加，达到 18 万吨，排名全球第五。

鲜奶出口方面，欧盟一直排名第一，且呈逐年增长趋势，2010 年之后增长迅速。澳大利亚在 2006 年之前排名第二，2006 年之后澳大利亚、白俄罗斯、新西兰、沙特阿拉伯的出口量在第二至第五间交叉呈现。5 个国家和地区的出口量占全球的比例从 2000 年的 61.8% 增长至 2019 年的 71.5%。

酸奶出口方面，伊朗和沙特阿拉伯及欧盟 3 个国家和地区的出口量在第一和第三之间交叉呈现，占全球的 50% 左右。伊朗在 2013 年之后持续有出口，但波动较大，沙特阿拉伯出口量波动增长，欧盟总体呈持续增长趋势。

(7) 主要出口国家和地区净出口量呈现不同变化趋势

新西兰净出口量始终排名第一，美国在 2006 年之后排名第二，澳大利亚净出口量呈持续下降之势，排名由第二逐渐下降至第四。新西兰净出口总体呈上升趋势，但在 2012 年之后增速放缓，从 2000 年的 805 万吨增至 2012 年的 1 759 万吨，2019 年达到 1 985 万吨，占全球净出口量的比例稳定在 43% 左右。美国在 2006 年之前，净出口为负值，之后到 2013 年一直呈持续增长趋势，2013 年之后稳定在 900 万吨左右，占全球净出口量的比例由 2000 年的 11% 逐渐上升至 20%。澳大利亚净出口量则一直呈下降趋势，排名也由 2007 年的第二下降至 2019 年的第四，占全球进出口量的比例从 2000 年的 29.4% 下降至 2019 年的 8.2%。欧盟净出口量在 2009 年之前一直稳定在 200 万吨左右，之后以年均 20 吨的增幅增长，占全球净出口量的比例稳定在 8.5% 左右。白俄罗斯在 2016 年之前净出口量一直持续增长，在 2016 年之后断崖式下跌，从 2016 年的 433 万吨下降至 2017 年的 81 万吨，之后净出口量一直未超过 100 万吨，排名第三下降至第七。阿根廷呈波动变化趋势，乌拉圭总体呈持续增长趋势（图 1-17）。

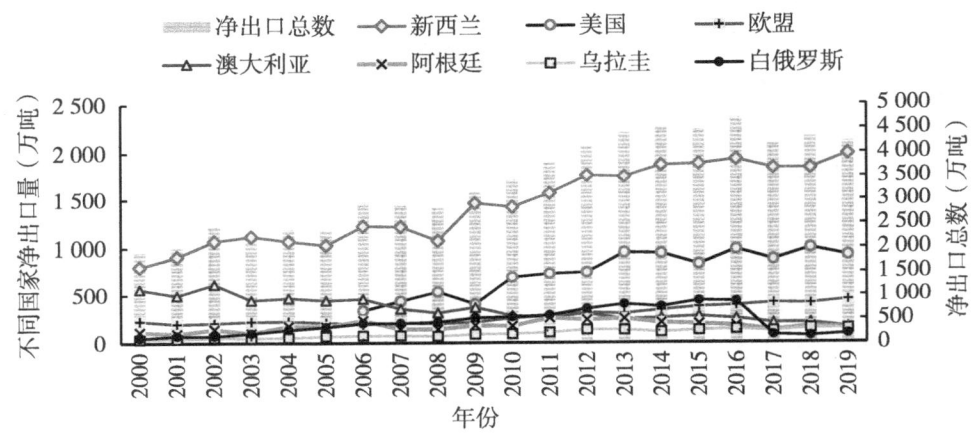

图 1-17 2000—2019 年主要乳制品出口国净出口量变化情况

1.3.2 乳制品进口

(1) 乳制品进口地区主要集中在亚洲和非洲

亚洲乳制品进口需求量最大，其次是非洲，中美洲的乳制品进口量 2006 年之前与非洲相当，2006 年之后逐年降低，目前处于第三位。亚洲在 2010 年之前进口需求较为稳定，保持在 2 200 万吨左右，占全球的 53% 左右，2010 年之后进口需求持续升高；进口量从 2010 年的 3 000 万吨上升至 2019 年的 4 600 万吨，增长了 56.9%，占全球的比例也由 2010 年的 49.5% 上升至 2019 年的 75.6%。而非洲的进口需求则在 2010 年达到高峰后开始持续下降，从 2010 年的 2 000 万吨降至 2019 年的 650 万吨，占全球的比例也由 2010 年的 32.7% 降至 2019 年的 10.6%（图 1-18）。

1 国际奶业发展现状与趋势

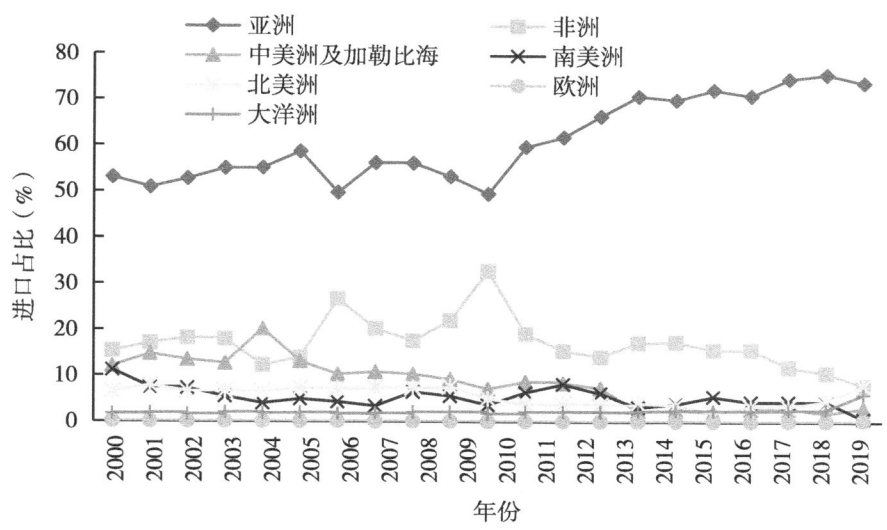

图1-18 2000—2019年各大洲乳制品进口占全球比例情况

（2）乳制品进口国相对分散

从占比看，乳制品净进口前10位的国家净进口量占全球的比例为53.0%±5.7%，远低于净进口前7位净出口量占全球的比例（91.2%±1.9%），净进口国家的数量（118.8±5.1）远大于净出口国家的数量（21.2±2.7）（图1-19）。

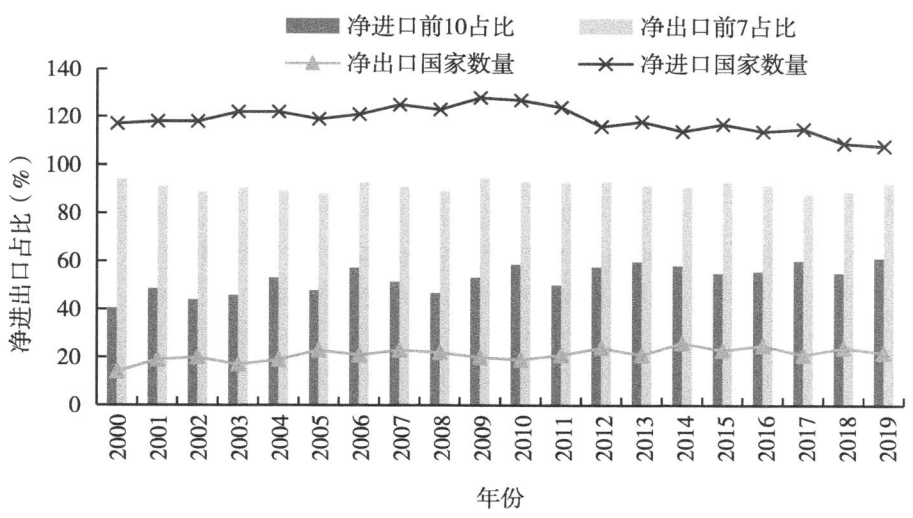

图1-19 2000—2019年乳制品进口国家数量及净进出口占比

(3) 主要进口国净进口量呈现不同变化趋势

乳制品进口以亚洲国家为主，并以2008年为分水岭，净进口量2008年之前墨西哥排名第一，2008年之后中国排名第一。净进口量排名前10的国家中，以亚洲国家（6个）为主，有2个非洲国家，但阿尔及利亚在2018年之后表现为净出口，欧洲和中美洲国家各1个。在2008年之前，墨西哥的净进口量最大，稳定在300万吨左右，2014年之后大幅下降，大部分年份呈现为净出口。2008年之后，中国一度成为净进口量最大的国家，在2008年之前，净进口量增幅较小，从2000年的137万吨增至2008年的190万吨，增加了53万吨。2008年之后呈持续增长趋势，2019年净进口量达到1 333万吨，比2008年增长超过1 000万吨，占全球的比例也从2008年的5.3%增至2019年的27.1%。其他亚洲国家虽然进口量不大，但一直呈持续增长趋势。俄罗斯在2012年之后一直是净进口量排名第二的国家，但在2013年净进口量达到高峰后持续下降，净进口量占全球的比例从2000年的1.5%增至2013年的10.8%，再降至2019年的7.8%（图1-20）。

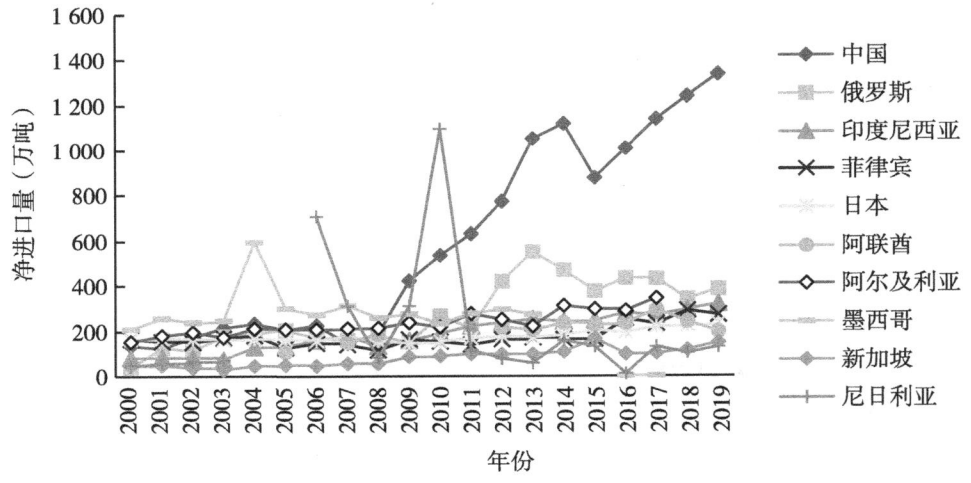

图1-20 2000—2019年主要乳制品进口国净进口量变化情况

（数据来源：联合国商品贸易统计数据库）

(4) 主要进口国家进口品类存在较大差异

除了日本、中国、俄罗斯，其他排名前10的7个国家均以进口奶粉为主。日本的乳制品进口以奶酪、乳清和奶粉为主；中国的乳制品进口以奶粉和乳清为主，2009年之前乳清进口量略大于奶粉进口量，之后奶粉进口量大于乳清进口量。俄罗斯在2003年之前以进口黄油为主，其次是奶酪，2004—2013年以进口奶酪为主，其次是黄油和乳清，2014年之后以进口奶粉为主，其次是奶酪和黄油（图1-21）。

1 国际奶业发展现状与趋势

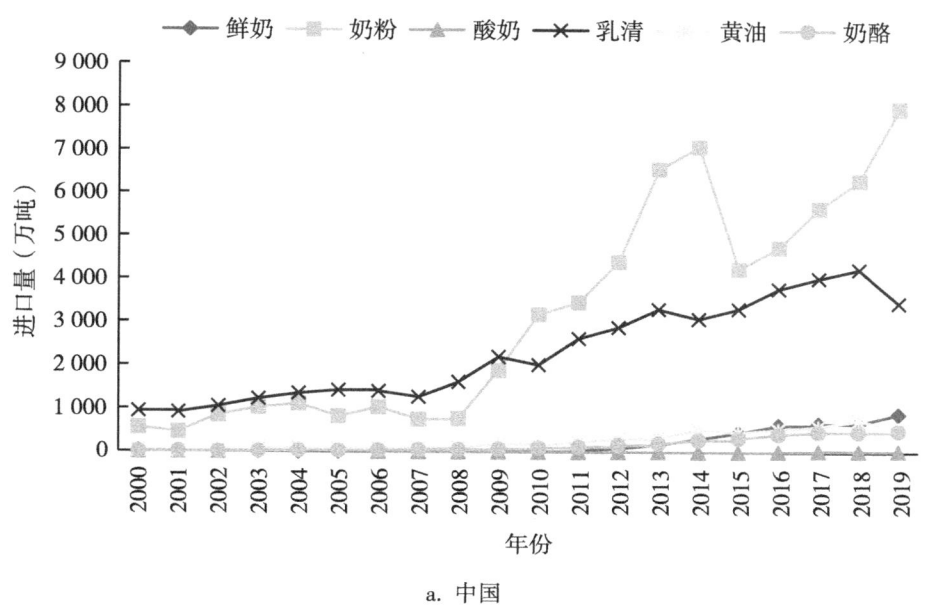

a. 中国

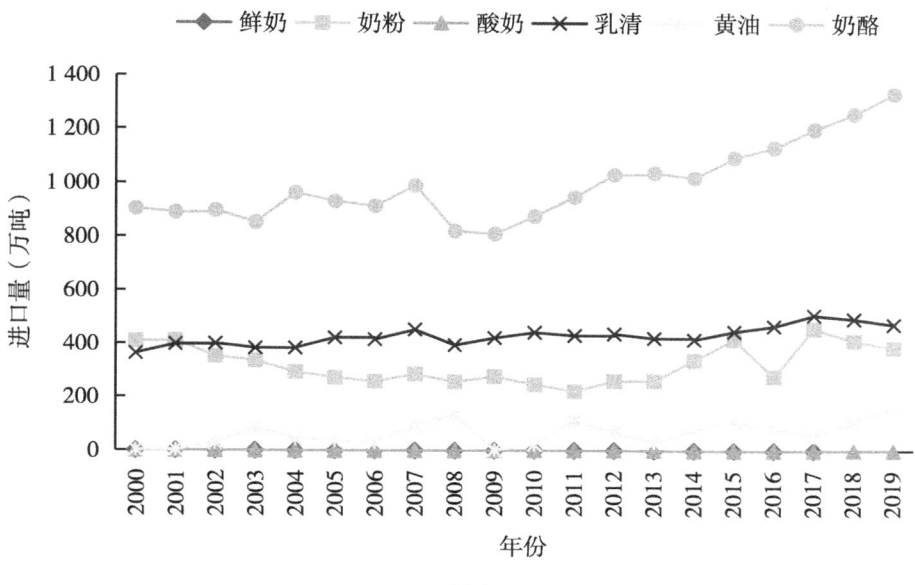

b. 日本

图 1-21 主要乳制品进出口国家进口品类

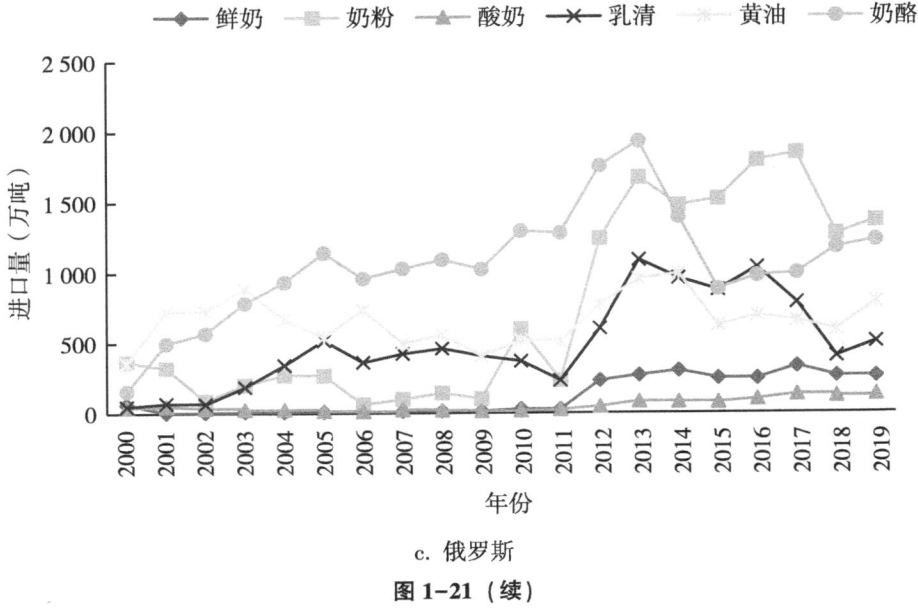

c. 俄罗斯

图 1-21（续）

1.4 国际奶业发展的趋势分析

1.4.1 未来牛奶产量的提升将同时依赖奶牛存栏量增加和单产的增长

2015—2018 年全球乳制品价格持续低迷，奶农养殖收益受损，养殖积极性不高，淘汰奶牛数量较多，未来牛奶产量的增长将同时受存栏增加及单产的驱动。7 个主要乳制品出口国（地区）中欧盟、新西兰、阿根廷、澳大利亚奶牛存栏量持续下降，其他 3 个国家存栏保持稳定。2018 年底之后全球乳制品价格开始回升，养殖效益好转，奶农补栏积极性增加，但由于奶牛养殖周期较长，短期内难有较大幅度增长，未来 5 年牛奶产量的增长将同时依赖于奶牛存栏量增加及单产的增长。

1.4.2 乳制品消费的未来市场增量空间仍较大

从消费总量看，欧洲、北美洲、大洋洲乳制品人均消费量较大，未来增长空间有限。亚洲及非洲乳制品人均消费量较低，尤其是亚洲地区未来增长空间较大。从乳制品消费品类看，欧洲、北美洲、大洋洲液态奶消费趋于饱和，未来在奶酪消费上会有所增长。亚洲地区液态奶消费将持续增长，有望超过全球平均水平，随着烘焙食品消费增多，奶酪和黄油消费有望进一步增长。非洲地区乳制品增长将主要体现在全脂乳粉上。

1.4.3 中国、俄罗斯仍将是乳制品进口市场的主要参与者

奶类生产量排名前 14 的国家中有 1/3 自给率低于 100%，其中中国和俄罗斯的自给率最低。中国自给率从 2000 年的 88.9% 下降至 2019 年的 72.4%，俄罗斯从 2000 年的 98.8% 下降至 2019 年的 89.0%。未来几年中国和俄罗斯仍将是全球乳制品主要的进口国。亚洲地区的其他国家如印度尼西亚、菲律宾、阿联酋等随着人口增长及进入中产阶级人口比例的增大，将继续支持全球乳制品贸易，并支撑进口需求的增加。

2 加拿大奶业发展及与中国合作现状

摘 要：奶业是健康中国、强壮民族不可或缺的产业。近年来，中国奶业发展取得了显著成效，但仍面临产品供需不平衡，产业竞争力不强，资源环境约束趋紧，进口影响加剧等问题。而加拿大作为奶业发达国家之一，拥有着悠久的奶业发展史，积累了很多发展经验。鉴于此，本文对加拿大奶业生产、消费、贸易等进行系统梳理分析，发现：①加拿大采取了基于推进奶牛养殖规模化和培养优质畜群为手段的方案保障了生鲜乳的稳定供给；②通过关税、配额制和生鲜乳用途申报等措施平衡国内供求关系，保障奶业持续健康发展；③贴近市场发展乳制品和有机奶生产是其发展的重要方向；④通过开发多元化高附加值乳制品带动乳品消费；⑤消费已由液态乳制品向固态乳制品转变。这些成熟的经验可为中国奶业的高质量可持续发展提供有益的借鉴。

关键词：加拿大；产销结合；配额制；有机奶；建议

加拿大国土面积居世界第二位，约998万平方千米，2020年人口约3 801万人，7.5%的国土面积被淡水覆盖（李召祥等，2005），耕地面积约6 800万公顷，永久性牧地面积约2 800万公顷（李翔，2020）。早在20世纪40年代，加拿大就实现了农业机械化，并在20世纪60年代基本实现了种植专业化、农业区域化和产业布局化，成为世界上农业现代化发展水平最高的国家之一（余柏松等，2005；单爱军等，2007）。加拿大畜牧业产值占农业总产值的45%（李召祥等，2005），主要集中在南部的10个省区。FAO数据显示，2019年牛类（包括肉牛、奶牛和水牛）存栏1 150万头，生猪存栏1 440万头，羊类存栏86万头，禽类存栏1.8亿羽。年产牛肉139万吨，牛奶921万吨，猪肉218万吨，禽肉150万吨，羊肉1.7万吨，蛋类59万吨。

奶业是加拿大畜牧业的重要组成部分，2020年成母牛存栏98.1万头，居世界第53位。在过去的几十年中奶业不断稳步发展，不仅奶牛遗传水平稳步提高，稳居世界第一阵营（李胜利，2015），而且奶农收入稳定，生鲜乳安全有保障，奶价几乎不受世界奶价的影响，这都归功于其高效率奶业法规体系的实施、高科技奶业遗传育种和管理技术的应用（李胜利，2015）。近年来，虽然中国奶业发展取得了显著成效，但仍面临"大而不强"的症结，产品供需不平衡，产业竞争力不强，资源环境约束趋紧，进口影响加剧等问题突出。同时，我国人均奶类消费量仅为世界平均水平的

1/3、亚洲的1/2（韩长赋，2017）。相对于加拿大等奶业发达国家差距还很大，在此背景下，分析加拿大奶业发展特征，并研究加拿大奶业发展趋势，借鉴其成功经验对提升中国奶业竞争力、促进奶业振兴具有重要意义。

2.1 加拿大奶业基本情况

2.1.1 奶牛养殖情况

牛奶产量的增长依赖于奶牛单产的增长，而非存栏数量的增长，这与美国、澳大利亚、新西兰、欧盟等乳业发达国家基本一致（魏艳骄等，2019）。2001—2019年，奶牛存栏由109.1万头下降到97.8万头（成母牛），降低了10.4%；奶牛单产由9.2吨/（头·年）增加至10.7吨/（头·年），提升了约16.3%；奶产量由76.5亿升增加至92.3亿升，提升了约20.7%（图2-1）。

随着奶牛总存栏和奶牛场数量的减少，奶牛养殖主体的平均养殖规模呈逐渐扩张趋势。2001—2019年，奶牛场数量由18 679家下降到10 371家，降低44.5%；奶牛场平均养殖规模由58头增加到94头（成母牛），规模扩大了1.6倍（图2-1）。

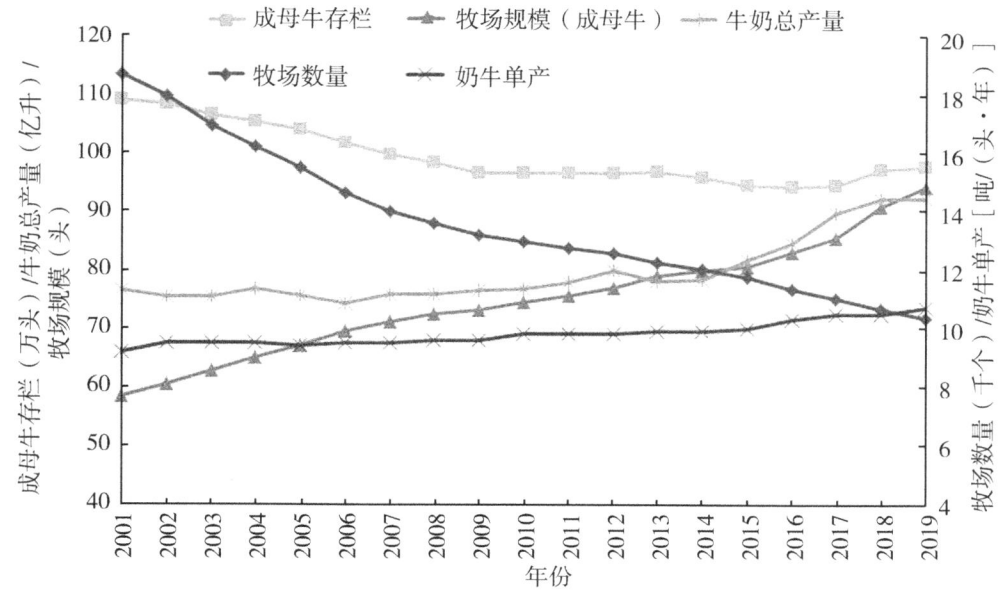

图2-1　2001—2019年加拿大奶业生产情况
（数据来源：加拿大统计局、加拿大乳制品委员会）

良好的育种体系保障了优质畜群供给。加拿大有着优秀的遗传育种体系,国内综合性的奶牛数据服务公司——加拿大奶业网(CDN)负责奶牛遗传评估的计算和公布,收集处理全国各公牛站、奶牛协会、DHI组织的数据,并对各个品种的所有奶牛进行全部系列特征的遗传评价,包括生产、体型和功能性状等。其中,公牛要有足够的后裔分布于不同的牛群中,接受官方遗传评价,有生产性能数据的母牛也要接受官方遗传指数评价。此外,青年公牛和母牛则利用其系谱预测其遗传指数评价,反映每个性状的遗传潜力。所有官方遗传评价均可通过 CDN 查询(公维嘉,2007)。CDN 由遗传评定理事会负责管理,理事会的主要成员为各地品种协会、牛奶记录机构、人工授精中心和加拿大乳业农场主协会(张军民,2007)。理事会下设顾问委员会和技术委员会两个部门。技术委员会主要职责为研究奶牛育种新手段及部分数据的处理,主要成员来自全国各农业大学。顾问委员会来自加拿大荷斯坦协会成员,其主要工作包括牛群登记、牛奶记录、外貌鉴定和种公牛培育,并协助牧场进行选种选配(于春英等,2011)。基于优秀的遗传育种体系,目前加拿大奶牛品种主要包括荷斯坦牛、娟姗牛,占到奶牛品种构成的 97% 以上,这两个品种在产奶量以及乳脂、乳蛋白等营养物质含量方面各具优势。此外,尽管奶牛单产不断提升,生鲜乳的营养指标非但没有降低反而有所提升。2010—2019 年,生鲜乳乳脂率由 3.79% 提升到 4.03%,乳蛋白率由 3.21% 提升到 3.30%(图 2-2)。

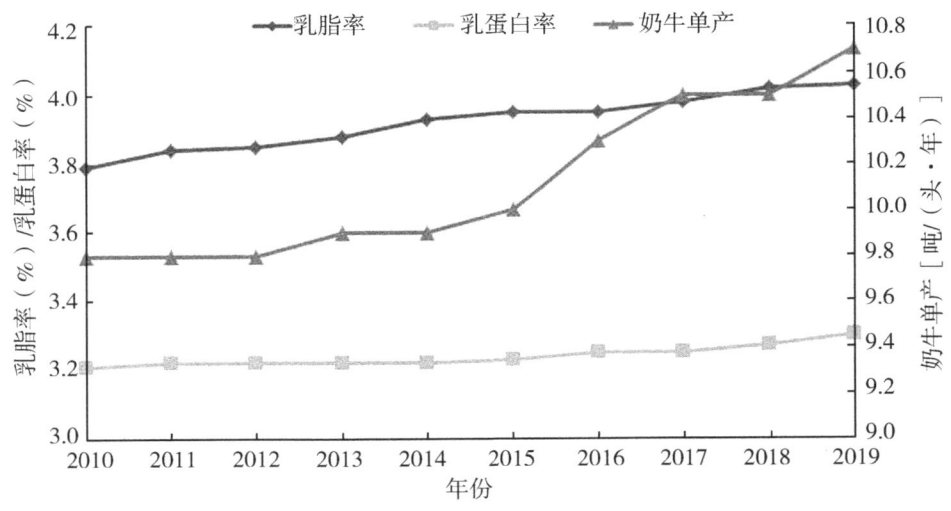

图 2-2 2010—2019 年加拿大奶牛单产、乳脂率和乳蛋白率变化趋势

(数据来源:加拿大农业部)

2.1.2 奶业区域布局

(1) 牛奶布局

加拿大奶牛养殖、乳品加工与消费区域基本匹配。由于奶制品品质受运输距离、贮存时间影响较大,尤其是乳中乳铁蛋白等对人体营养健康具有重要作用的活性物质(王加启,2016),所以牛奶从生产到加工的时间,以及乳制品的销售半径过长都不利于产品营养的保存和运输成本的控制。奶牛养殖和乳制品加工具有一定的区域性特征,即养殖场和加工厂尽量靠近消费市场,消费市场越大,养殖和加工体量也就越大,反之,则越小。加拿大奶牛养殖和乳品加工均分布在南方10个省份(占全国人口的99.7%),10个省份共分成4个地区:中部地区、南部地区、太平洋地区、大西洋地区(信乃诠,2008),其中中部地区奶牛存栏、牛奶产量和加工厂数量占比最高(分别为70.0%、68.9%、70.6%),该地区人口数量占比也最多(61.5%);而南部地区奶牛存栏、牛奶产量和加工厂数量占比最低(分别为6.3%、5.5%、7.0%),该地区人口数量占比也最少(6.5%);南部地区和太平洋地区奶牛存栏、牛奶产量和加工厂数量占比处于两者之间,与该地区人口占比相对应(表2-1)。

表2-1 2020年加拿大10省奶牛养殖、牛奶产量、乳品加工厂及人口分布

区域	省区	人口 数量(万人)	人口 占比(%)	牛奶 产量(亿升)	牛奶 占比(%)	成母牛 存栏(千头)	成母牛 占比(%)	加工厂 数量(座)	加工厂 占比(%)
中部地区 (主产区)	魁北克省	857	22.6	33.6	35.9	364.8	37.2	201	39.1
	安大略省	1 473	38.9	30.9	33.0	321.9	32.8	162	31.5
南部地区	曼尼托巴省	138	3.6	4.1	4.4	36.8	3.8	17	3.3
	萨斯喀彻温省	118	3.1	3.0	3.2	29.4	3.0	5	1.0
	阿尔伯塔省	442	11.7	8.2	8.8	79.9	8.1	34	6.6
太平洋地区	不列颠哥伦比亚省	515	13.6	8.5	9.1	87.4	8.9	59	11.5
大西洋地区	纽芬兰与拉布拉多省	52	1.4	0.5	0.5	6.0	0.6	3	0.6
	爱德华王子岛	16	0.4	1.2	1.3	14.5	1.5	10	1.9
	新斯科舍省	98	2.6	2.0	2.1	21.2	2.2	15	2.9
	新不伦瑞克省	78	2.1	1.5	1.6	19.4	2.0	8	1.6
	合计	3 787	100.0	93.5	100.0	981.3	100.0	514	100.0

数据来源:加拿大农业部。

(2) 有机奶布局

随着人们对生态环境和自身健康的关注，有机食品消费需求持续增长。在欧美发达国家，有机食品销售额约占食品市场的10%以上，部分国家甚至高达25%（张爱国等，2007；霍晓娜等，2013）。有机奶作为有机食品的重要组成部分，在欧美等发达国家发展迅速，并逐渐成为发达国家乳制品消费的主流（霍晓娜等，2013；李胜利等，2007）。加拿大有机奶生产是围绕中部奶业主产区和东西部人口密集区发展的，主要集中在不列颠哥伦比亚、魁北克、安大略和新斯科舍4省，4省有机奶产量占到有机奶总产量的94%。近10年来有机奶产业呈快速发展的态势。2011—2020年，有机奶产量由0.99亿升提升到1.44亿升，提升近60%；有机奶生产牧场由205家提升到247家，提升了20%；有机奶占总奶产量的比例也由1.15%提升到1.54%（图2-3）。

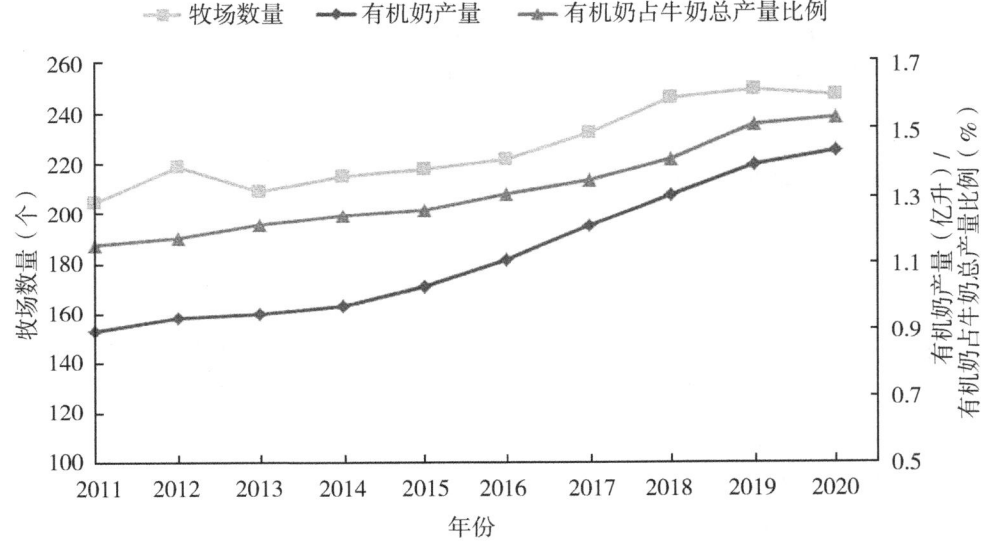

图2-3　2011—2020年加拿大有机奶产量和牧场数量变化趋势

（数据来源：加拿大不列颠哥伦比亚、魁北克、安大略、新斯科舍省奶农协会）

2.1.3　生鲜乳销售

(1) 配额制保障市场供求平衡

牛奶生产实行"配额"制度，保障奶业市场供给总量平衡。所谓配额制，即加拿大政府农业主管部门根据全国奶类市场需求确定全国牛奶的总产量，再根据各省奶牛饲养历史状况和人口变化，将生产配额分配到各省。各省再将生产配额分到各个农场，农场根据配额进行牛奶生产。配额每月计算1次，每2月调整1次（方有生，

2004）。"配额"制度平衡了供求关系，避免了由于供求失衡出现牛奶过剩，达到有序的市场销售和价格的相对稳定。在管理上，配额可以流通，农场主可以买卖，一般配额价为牛奶产值的5倍。如果农场主产奶量不能完成配额，管理部门可强制要求其卖出配额，以保证奶的总产量满足市场需求（方有生，2004）。2011—2020年，加拿大牛奶配额在不断提升，配额是根据牛奶中的黄油量来折算的，由30.8吨黄油提升到38.8吨，提升了26%（图2-4），由于配额是根据全国乳制品市场总需求测算，这意味着国内市场对乳制品的需求逐渐增大。

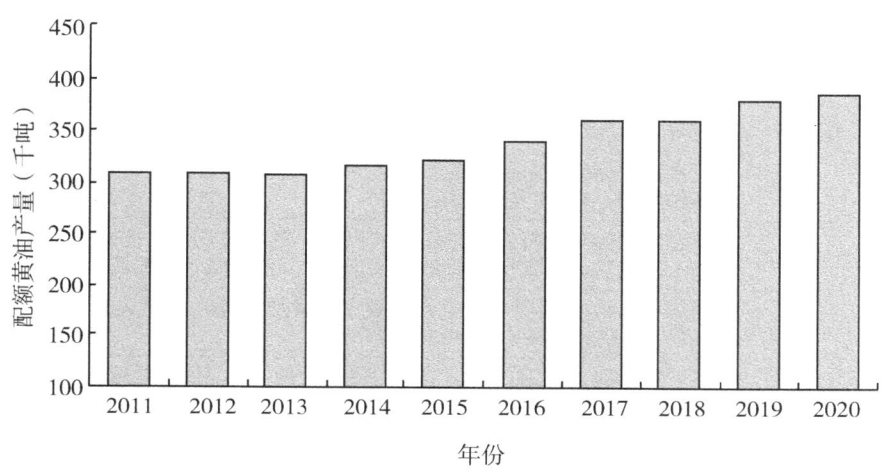

图 2-4　2011—2020 年加拿大牛奶配额
（数据来源：加拿大乳制品委员会）

牛奶交售实行分级申报制度，保障各种品类乳制品供求平衡。每年将所有生鲜乳按照"加拿大统一牛奶分级制度（*The Harmonized Milk Classification System*）"（表2-2）进行分类申报，申报通过的生鲜乳必须按其申报用途使用，这一举措有效控制了各种乳制品的生产数量，保障了乳品市场和销售收入的稳定。

（2）多方协商制定支持价格

加拿大奶业委员会根据鲜奶生产成本，与奶农、乳品企业、消费者、深加工企业和餐馆负责人等多方协商制定出每年的生鲜乳支持价格，支持价格以生鲜乳中所含黄油和脱脂乳粉价格表示，生鲜乳支持价格可根据其含量进行计算，并于每年2月1日发布。在支持价格的基础上，各省市场委员会可根据支持价格和实际情况制定各省最终鲜奶价格（李胜利，2015）。图2-5是2010—2021年鲜奶支持价格趋势，该价格基本不受国际奶价的影响。

表 2-2 加拿大统一牛奶分级制度

牛奶等级		产品
1(a)	1(a)1	除第 1(a)2、1(a)3 外的牛奶和乳饮料，乳饮料由生鲜乳制成，不论是否经乳糖不耐处理、添加风味物质及添加维生素或矿物质
	1(a)2	蛋酒，及由新鲜牛奶、水果和蔬菜汁混合制成的乳品饮料。在与 1(a)1 同体积、同乳脂含量条件下，其生鲜乳含量（重量）超过 50%，但奶类蛋白占总蛋白量不超过 75%
	1(a)3	高蛋白饮品。蛋白质含量超过相同乳脂含量等量鲜奶的强化产品
1(b)		零售和食品服务中所有乳脂含量不低于 5% 的奶油
1(c)		经省级主管部门批准的用于零售和食品服务的新 1(a) 和 1(b) 产品
1(d)		在加拿大境内（例如，育空、西北地区、努勒维特和游轮），但不在签署国家牛奶营销计划的 10 个省份销售的 1(a) 和 1(b) 产品
2(a)		所有类型酸奶，包括酸奶饮料、"克菲尔"和"拉西"，不包括冷冻酸奶
2(b)	2(b)1	符合国家标准"鲜奶含量在 85% 或以上"的零售奶昔，"crème fraîche"，各种软糖，布丁，还有印度糖果
	2(b)2	符合国家标准"鲜奶含量在 85% 以下"的零售奶昔，还包括鲜奶含量低于 85% 的符合国家标准的奶昔混合产品，但乳脂含量要低于 3%
	2(b)3	高蛋白运动/营养饮料，其最低蛋白含量是同等乳脂含量的液态乳制品的 2 倍（脱脂乳制品=每升 35 克蛋白质
	2(b)4	新鲜乳制品甜点（即：至少 75% 的鲜奶含量，产品需要冷藏保存）酸奶油
	2(b)5	冰淇淋、混合冰淇淋，无论是否冷冻；其他非零售的冷冻乳制品，包括冷冻酸奶、冷冻甜点和奶昔混合物
3(a)	3(a)1	乳酪中酪蛋白含量最低为 95%，其来源为其他品类未提及的液态奶
	3(a)2	芝士凝乳、脱脂牛奶芝士、意大利乳清干酪及其他未提及的芝士
3(b)	3(b)1	陈年切达干酪（按照国家乳制品标准 9 个月以上）
	3(b)2	切达奶酪类型的新鲜奶酪 搅拌凝乳，奶油芝士和奶油芝士底或芝士混合，而不是用于加工另一类再加工产品的奶油芝士底或芝士混合 除 3(a)1，3(a)2，3(b)1，3(c)1，3(c)3，3(c)4，3(c)5，3(c)6 和 3(d) 之外的任何由凝固乳制成的产品、凝固乳产品，或在细菌帮助下由凝固乳和乳制品而制成的产品；但不包括凝乳酪蛋白凝乳
3(c)	3(c)1	羊乳酪
	3(c)2	阿齐亚戈，豪达，哈瓦蒂，帕尔马干酪，瑞士等品种干酪
	3(c)3	明斯特加拿大风格的部分脱脂披萨奶酪，披萨奶酪
	3(c)4	Brick, Colby, Farmer's, Jack, Monterey Jack，除了属于第 3(d) 类马苏里拉披萨和部分脱脂的马苏里拉披萨所有类型的马苏里拉奶酪
	3(c)5	3(d) 中未描述的马苏里拉披萨和部分脱脂马苏里拉披萨
	3(c)6	印度奶酪

(续表)

牛奶等级		产品
3(d)		由在 CDC 注册的机构按照 CMSMC 批准的条款和条件使用的标准化马苏里拉奶酪，严格用于新鲜披萨
4(a)		黄油 在食品工业应用的炼乳 以液体和固体形式存在炼乳白，干物质含量不少于 40% 奶粉（包括但不限于全脂/脱脂乳粉、酸奶粉、酸奶油粉、食用酪蛋白粉） 用于制作婴幼儿配方乳粉的牛奶和牛奶成分 凝乳酶酪蛋白（干的或凝乳）用于生产加工乳酪类的非标准化最终产品
4(b)	4(b)1	零售炼乳，无论是否加糖 损耗
	4(b)2	所有其他未在其他地方说明的产品
4(c)		经省级部门批准的新工业产品
4(d)		库存和回报
4(m)		动物饲料中的乳成分
5(a)		在加拿大作为进一步加工原料的奶酪
5(b)		在加拿大作为原料进行进一步加工的所有其他乳制品
5(c)		加拿大糖果行业中用作原料的乳制品

资料来源：加拿大乳制品委员会。

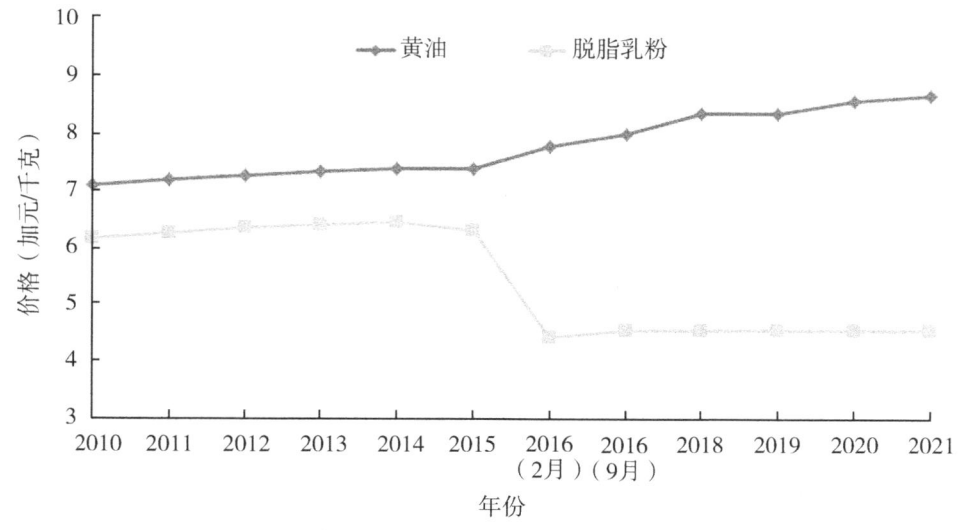

图 2-5　2010—2021 年鲜奶支持价格趋势

（数据来源：加拿大乳制品委员会）

2.1.4 乳制品加工

加拿大乳制品生产许可证分为国家级许可证和省级许可证。2020 年获得许可证的乳制品加工企业共有 514 家，其中获得国家级许可证的共有 290 家，仅获得省级许可证的 224 家（图 2-6）。

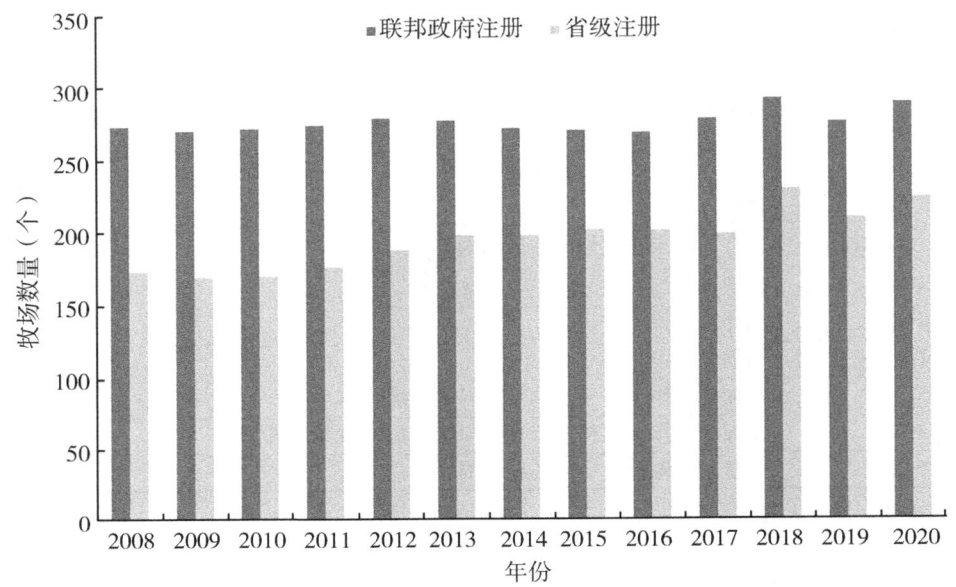

图 2-6　2008—2020 年联邦政府注册和省级注册的乳制品加工厂数量

［数据来源：加拿大食品和检验局（CFIA）和各省政府］

近十几年来，加拿大高度重视乳制品的品牌建设，荷兰银行发布的 2020 年全球乳品企业 20 强企业名单中有 2 家加拿大乳品企业（Saputo 和 Agropur）上榜。同时，乳品企业数量一直保持稳定，且稳中有升，这与美国、澳大利亚、新西兰、欧盟的乳品企业呈整合趋势正好相反（魏艳骄等，2019）。自 2008 年以来，乳品企业由 447 家提升到 2020 年 514 家，增加了 15%。

加拿大的乳制品结构具有多元化特征。多元化乳制品不仅产品附加值更高，而且更受消费者的青睐。2020 年，原奶产量 93.2 亿升，主要用于奶酪、黄油与乳脂、奶粉、液态奶、酸奶、奶油、乳清粉、浓缩乳制品、冰淇淋及其他乳制品的生产。作为一个由 70 个民族移民组成的多元化国家（汝元昕，2019），为适应不同人群的生活方式，乳制品加工行业通过创新加工技术、优化加工方法研发新的加工工艺和产品，光奶酪品种就分 6 大类 1 050 个品种（图 2-7）。

2 加拿大奶业发展及与中国合作现状

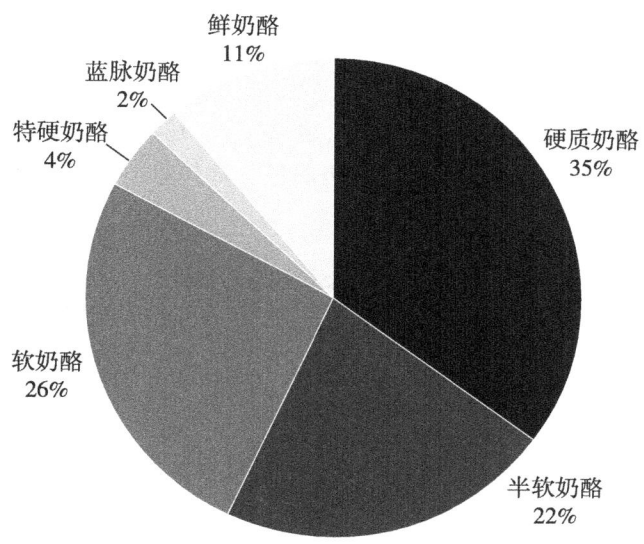

图 2-7 2019 年加拿大奶酪产品的 6 大品种及比例
（数据来源：加拿大乳制品委员会）

2.1.5 乳制品消费

液态乳制品消费逐年减少，固态乳制品消费逐年提升（表 2-3，图 2-8），这与中国人均液态奶的消费趋于饱和，干乳制品消费快速增长的趋势基本相同（杨祯妮

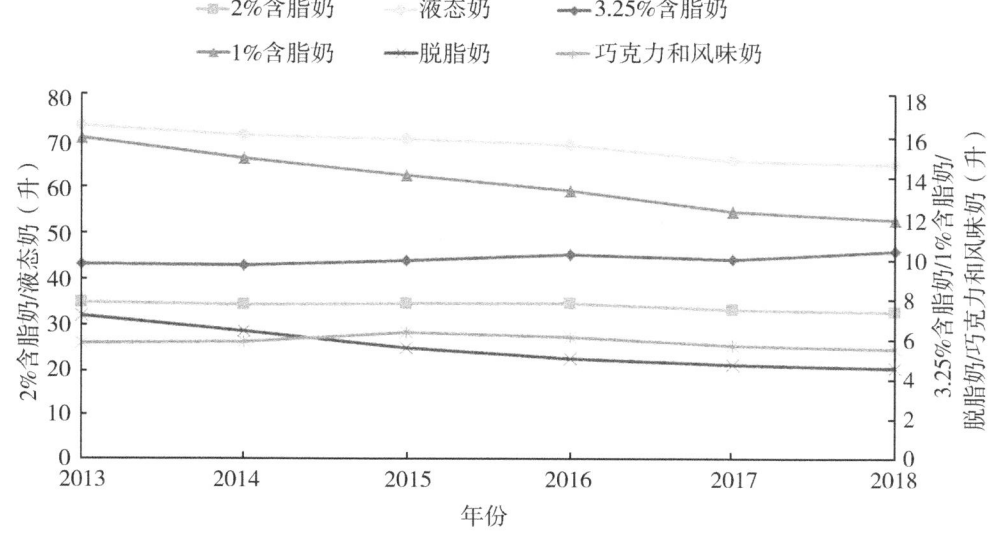

图 2-8 2013—2018 年液态奶消费趋势
（数据来源：加拿大统计局）

等,2020)。2014—2018年,4年间加拿大人均固体乳制品(包括奶酪、奶粉)消费提升了15.2%,其中,奶酪消费提升14.8%;酪乳粉消费提升近1倍。2013—2018年,5年间人均液态乳制品(包括液态奶、奶油、奶昔、酸奶、冰淇淋)消费降低9.2%。其中,整体液态奶降低了11.6%(表2-3)。在液态奶中,2%含脂牛奶消费占比最高,但1%含脂奶、脱脂奶、风味奶都呈下降趋势,而3.25%含脂奶呈增长趋势(图2-8)。

表2-3 加拿大人均乳制品消费

	品类	2013年	2014年	2015年	2016年	2017年	2018年
固态乳制品(千克/人)	奶酪	18.22	18.6	18.41	19.96	20.25	21.35
	脱脂乳粉	0.83	0.7	0.81	0.75	0.65	0.63
	酪乳粉	0.24	0.27	0.29	0.43	0.51	0.48
	乳清粉		0.23	0.42	0.28	0.33	0.36
	其他全乳制品	0.3	0.28	0.36	0.42	0.42	0.32
合计		19.59	20.08	20.29	21.84	22.16	23.14
液态乳制品(升/人)	3.25%含脂奶	9.76	9.7	9.95	10.25	9.99	10.41
	2%含脂奶	34.95	34.48	34.68	34.7	33.24	32.79
	1%含脂奶	16	14.97	14.12	13.4	12.38	11.92
	脱脂奶	7.18	6.42	5.62	5.07	4.75	4.57
	巧克力奶	5.85	5.91	6.39	6.14	5.74	5.53
	液态奶	73.74	71.48	70.76	69.56	66.1	65.22
	10%奶油	3.09	3.17	3.17	3.27	3.24	3.13
	18%奶油	3.85	3.87	3.94	3.85	3.72	3.9
	32%或35%奶油	1.36	1.35	1.33	1.4	1.69	1.6
	酸奶油	1.33	1.35	1.25	1.27	1.39	1.43
	奶油	9.63	9.74	9.69	9.79	10.04	10.06
	奶昔	0.16	0.10	0.09	0.07	0.08	0.18
	酸奶	9.9	9.82	10.99	10.8	10	9.87
	冰淇淋	4.43	5.16	4.45	4.29	3.9	4.02
合计		181.23	177.52	176.43	173.86	166.26	164.63

数据来源:加拿大统计局。

2.1.6 奶业贸易

(1)乳制品贸易

加拿大通过控制乳制品进口和配额约束原料奶生产,保障国内奶业健康有序发展。除挪威和冰岛之外,加拿大乳制品最终约束关税大大高于其他WTO成员国(表2-4),

导致贸易体量很小。2020 年出口额 4.86 亿美元，进口额 9.57 亿美元，贸易逆差 4.71 亿美元。与 2011 年相比，2020 年贸易逆差增加了 0.53 亿美元，约 13%（图 2-9）。

表 2-4　WTO 成员国及地区乳制品（HS0401—0406）最终约束税率　　　单位：%

国家/地区	2015 年	2016 年	2017 年	2018 年	2019 年
澳大利亚	4.1	3.4	3.7	3.7	4.3
新西兰	10.1	10.1	10.1	10.1	10.1
中国	12.2	12.2	12.2	12.2	12.2
中国台湾	15.3	15.0	15.2	15.2	17.6
美国	16.6	16.8	16.0	17.8	19.2
埃及	23.3	23.3	23.3	25.0	25.0
马来西亚	24.0	25.5	22.6	20.8	23.0
泰国	33.0	33.0	33.0	33.0	33.0
阿根廷	35.0	35.0	35.0	35.0	35.0
欧盟	45.3	35.5	37.4	38.1	44.8
巴西	48.8	48.8	48.8	48.8	48.8
印度	65.0	65.0	65.0	65.0	63.8
韩国	69.8	69.8	69.8	69.8	69.8
南非	93.2	93.2	93.2	93.3	92.3
日本	102.7	92.1	95.1	95.9	101.0
孟加拉国	157.5	157.5	157.5	150.1	150.1
加拿大	218.5	218.5	218.5	218.5	208.5
挪威	322.5	322.5	322.5	322.5	322.5
冰岛	438.1	438.1	438.1	438.1	438.2

数据来源：WTO "Word Tariff Profiles 2015—2019"。

进口来源国高度集中，进口国家波动较小（图 2-10）。乳品进口前 5 位的来源国主要集中在德国、瑞典、法国、荷兰、比利时、意大利和新西兰 7 国；前 5 国的进口份额占进口总额的 70% 以上。进口前 10 位来源国中，除了上述 7 国之外，还有英国、爱尔兰、奥地利、波兰、希腊 5 个国家，进口额占进口总额的 90% 以上（图 2-11）。其中，德国一直稳居乳制品进口国首位。

乳制品出口目的国也较为集中（图 2-10），乳品出口前 5 位目的国主要集中在德国、英国、沙特阿拉伯、瑞典、西班牙、俄罗斯、中国、阿曼、多米尼加和芬兰 10 国；前 5 国的出口份额占出口总额的一半左右。进口前 10 位的目的国，除了上述 10 国之外，还有美国、意大利等 5 国，进口额接近总出口额的 70%（图 2-11）。德国一直稳居乳制品出口国首位。

(2) 遗传物质贸易

加拿大奶牛育种和遗传改良技术在国际上享有盛名。目前遗传物质以出口为主。

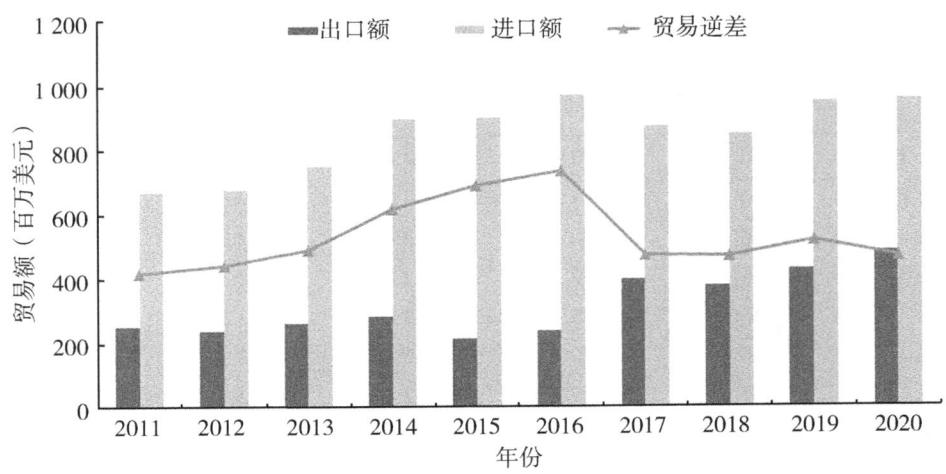

图 2-9　2011—2020 年加拿大乳制品贸易情况
（数据来源：加拿大统计局）

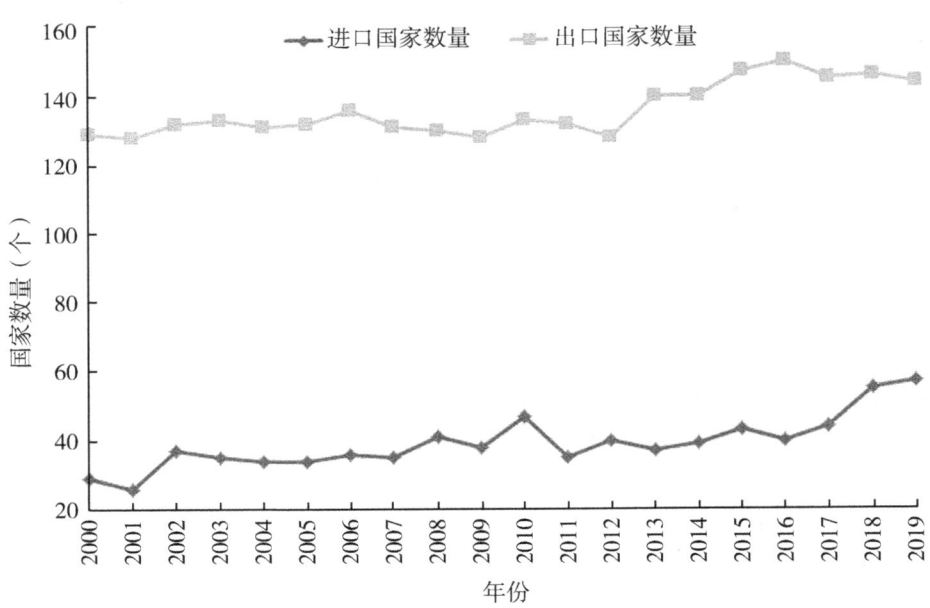

图 2-10　2000—2019 年加拿大乳制品贸易国家数量变化
（数据来源：联合国商品贸易统计数据库）

2020 年遗传物质出口总额为 1.27 亿加元，其中冻精出口占 86%，为 1.09 亿加元；活牛出口额为 0.12 亿加元，占 9%；胚胎出口额 584 万加元，占 5%。2016—2020年，遗传物质出口总额、冻精、胚胎和活牛出口都呈下降趋势（图 2-12）。

2020 年活牛主要出口目的国为美国，共 7637 头，占总量的 99.1%，其次为俄罗

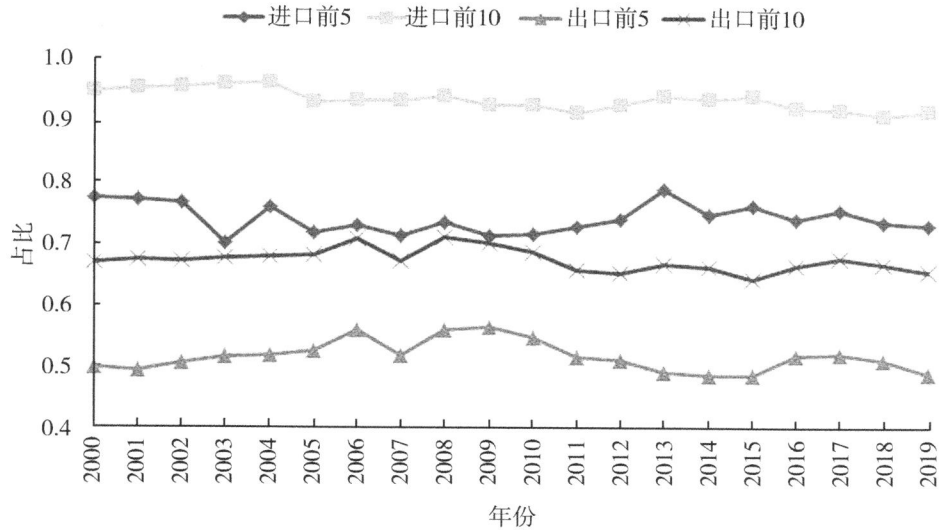

图 2-11 2000—2019 年乳制品进口来源国和出口目的国排名前 5 和前 10 占比情况
(数据来源：联合国商品贸易统计数据库)

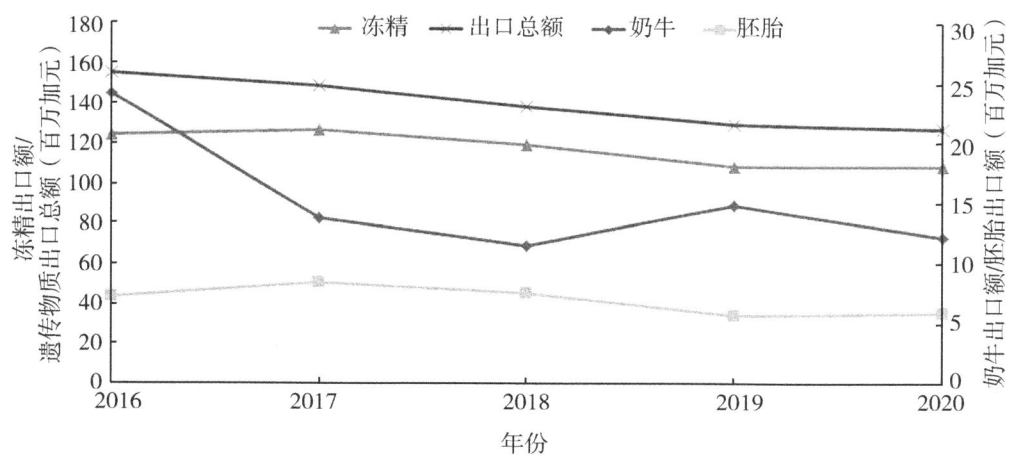

图 2-12 2016—2020 年加拿大奶牛遗传物质出口情况
(数据来源：加拿大统计局)

斯（41 头）、多米尼加（17 头）和哥伦比亚（13 头）。胚胎主要出口国前 5 位为日本（占 23.6%）、澳大利亚（占 13.8%）、美国（占 13.1%）、韩国（占 8.9%）、德国（占 6.0%）。冻精主要出口北美和欧洲，表 2-5 为加拿大冻精出口前 10 国出口额及占比。

表 2-5 加拿大冻精出口前 10 国出口额和占比

出口国家	出口额（千万加元）	占比（%）
美国	3.55	32.7
荷兰	0.92	8.5
巴西	0.76	7.0
俄罗斯	0.69	6.4
英国	0.40	3.7
澳大利亚	0.35	3.2
日本	0.35	3.2
阿根廷	0.34	3.1
意大利	0.32	2.9
德国	0.29	2.7
其他	2.90	26.6
合计	10.87	100.0

数据来源：加拿大统计局。

遗传物质进口较少，2020 年进口额为 2 158 万加元。其中，活牛进口 2 098 万加元，占 97.2%，几乎全部来自美国；胚胎进口 24 万加元，主要来自新西兰（占 36.2%）、美国（占 59.2%）和澳大利亚（占 4.6%）；冻精进口 45 万加元，主要来自美国（54.0%）、英国（17.6%）、西班牙（15.6%）、德国（8.2%）、意大利（2.4%）和澳大利亚（2.1%）等。

2.2 中国与加拿大奶业合作现状

中国和加拿大在奶业上的合作自 20 世纪 90 年代初就已开始，1993 年 5 月正式开始实施的"中加综合育种项目"是加拿大国际发展署与中国商务部签署的合作项目（加里·朗尼等，2013），通过该项目，中国引进了加拿大先进的奶牛育种和饲养管理技术，为中国奶牛良种繁育体系的建立进行开拓性、奠基性工作，同时通过项目的实施，来自全国 28 个团组的 233 名技术及管理人员到加拿大乳制品加工及生产领域进行了培训和学习考察，为我国奶牛业培养了一批优秀人才，对中国奶牛养殖业的高质量发展起到了很好的促进作用。

此外，中国也是加拿大遗传物质和乳制品贸易的重要出口目的国之一，2016—2019 年，中国连续 4 年从加拿大进口冻精和胚胎，2017 年胚胎进口额达到 77 万加元，2018 年进口胚胎数量再创新高，达 546 个。从加拿大进口的冻精金额也在 2018 年达到最高，为 990 万加元（表 2-6）。

2020 年加拿大出口中国的乳制品为 1 557 万美元，2014—2020 年，出口中国的乳制品贸易额占加拿大乳制品出口的 1.17%~4.68%，其中，2015 年达到最高（表 2-7），图 2-13 为 2020 年加拿大出口中国的各种乳制品贸易额占比。

表 2-6　2016—2019 年中国进口加拿大冻精和胚胎贸易额　　　　单位：万加元

	2016 年	2017 年	2018 年	2019 年
冻精	493	658	990	131
胚胎	20	78	64	3

数据来源：加拿大统计局。

表 2-7　2014—2020 年加拿大出口中国乳制品贸易额情况

	2014 年	2015 年	2016 年	2017 年	2018 年	2019 年	2020 年
出口中国贸易额（万美元）	490	989	593	468	61	654	1 557
加拿大乳制品出口额（万美元）	28 146	21 105	23 529	39 878	37 811	43 082	48 631
出口中国贸易额占比（%）	1.74	4.68	2.52	1.17	1.62	1.52	3.20

数据来源：加拿大统计局。

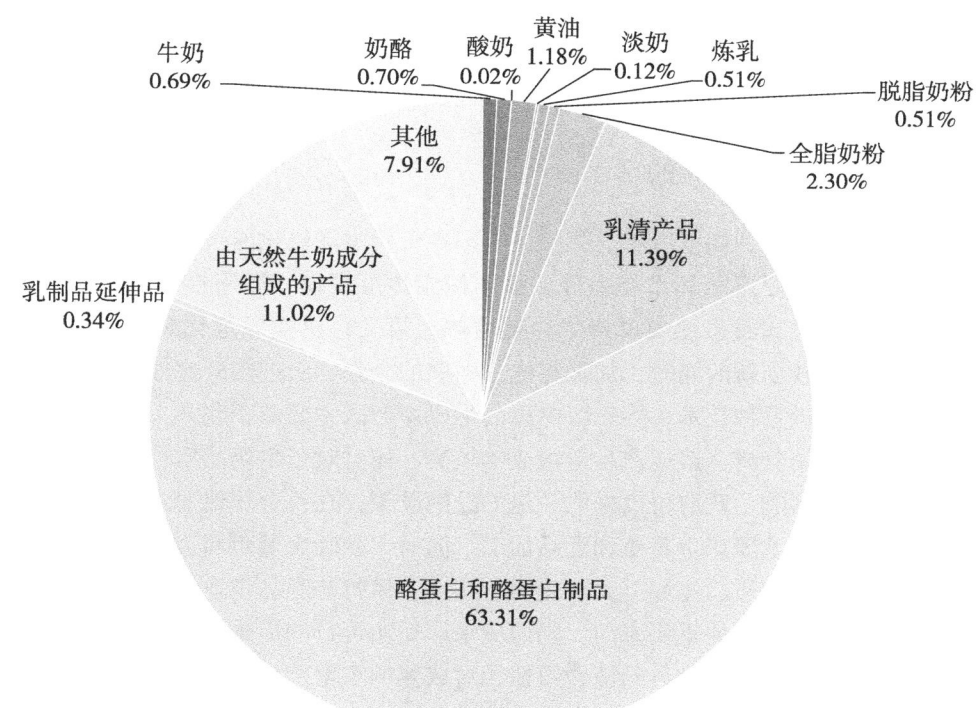

图 2-13　2020 年加拿大出口中国的各种乳制品贸易额占比
（数据来源：加拿大统计局）

2.3 结论与政策启示

2.3.1 主要结论

通过对加拿大奶业的分析，发现加拿大正在循序渐进地推行奶牛规模化养殖，注重培育适度规模养殖主体，采用优秀的遗传育种体系培养优质畜群，这些经验对于保障优质生鲜乳的持续供给发挥了重要作用。主要结论如下：一是加拿大奶牛养殖场的经营收益、盈利水平和生产效率等指标与养殖规模呈正相关；二是加拿大奶牛养殖和乳制品加工都集中在人口密集区，靠近消费市场，这对于提升乳品品质和节约运输成本非常重要；三是加拿大有机奶迅速发展，是未来奶业转型升级的重要方向；四是加拿大通过高关税控制乳制品进口、配额制和生鲜乳用途申报，以及根据生产成本设定价格，并对价格进行严格控制，平衡了国内供求关系，也几乎不受世界奶价影响，保障乳制品有序的市场销售和价格的稳定；五是加拿大乳品企业高度重视乳制品品牌建设，在此基础上不断开发多元化的深加工产品；六是加拿大乳制品消费呈现由液态乳制品逐渐向固态乳制品转变的局面；七是加拿大遗传育种体系技术先进，责任分工明确。

2.3.2 对中国奶业发展的启示

基于此，本文得到如下启示。第一，中国推行奶牛规模化养殖势在必行，但是要考虑不同区域的资源禀赋和市场条件，科学探索适度规模，渐序推进奶牛养殖规模化，并培育多种形式的适度规模奶牛养殖主体。第二，建立规范化奶牛良种繁育体系，坚持自主科技创新的同时，加强与优势国家的合作，引进国外比如加拿大、美国等优质奶牛和先进育种技术。第三，中国的牛奶主产区主要位于北方，而消费主力区集中在南方，产销分离，造成产品运输成本较高，而且对于牛奶品质，尤其是低温奶的品质有很大的影响。政府可以采取一定的鼓励政策，在符合环保要求的基础上，支持东部和南部地区发展奶牛养殖和乳品加工。同时，鼓励大城市周边乳品加工企业发展，提升居民饮奶品质，比如三元、光明、燕塘、风行等乳品企业。第四，有机奶产业是未来奶业转型升级的重要方向，国内应采取切实可行的措施鼓励有机奶生产，尤其是在靠近乳业消费市场且乳品消费习惯相对成熟的东南部地区，这些地区对乳品品质要求也相对较高。第五，建立良好的生鲜乳价格协商机制，并成立专门的机构根据国内需求和进出口数据对生鲜乳未来1~2年供需形势进行研判，指导国内奶业有序生产。第六，实行乳业品牌提升行动，引入现代元素改造乳业传统品牌，多元化布局乳品生产，开发高附加值的产品，如奶酪、高品质酸奶等，引领消费习惯，增强消费者对国产乳制品的信心。第七，奶酪含有丰富的蛋白质、钙、脂肪、磷和维生素等营养成分，被誉为乳品中的"黄金"（刘利清，2014），虽然近几年我国奶酪行业市场规模保持上升趋势，但目前国内以奶酪为主的固体乳制品消费量还很低，我国奶酪的人均消费量仅为40克，是美国的1/400和日、韩的1/60（杨云生，2018），所以未来对消费者乳制品消费习惯的引导任重而道远。

参考文献

方有生，2004. 加拿大奶业管理配额制度[J]. 中国奶牛(1):53-54.

公维嘉，2007. 借鉴加拿大奶牛遗传评估体系，加快我国奶牛育种工作[J]. 中国奶牛(S1):71-73.

韩长赋，2017-01-16，加快振兴中国奶业[N]. 农民日报(2).

霍晓娜，于潇萌，2013. 中国有机奶市场现状及发展趋势[J]. 中国奶牛(16):1-4.

加里·朗尼，王雅春，2013. 中加奶牛育种综合双边项对中国奶业的影响[J]. 中国乳业(7):12-13.

李胜利，董国强，任师喜，等，2006. 建立我国有机奶生产体系需要解决的问题[J]. 中国畜牧杂志(20):13-17.

李胜利，2015. 世界奶业发展报告[M]. 北京：中国农业大学出版社.

李翔，2020. 加拿大农业发展经验及对中国的启示[J]. 世界农业(4):60-65.

李召祥，阎存立，2005. 加拿大农业灌溉节水状况及其启示[J]. 中国农业综合开发(5):58-59.

刘利清，2014. 奶酪的营养价值及发展现状[J]. 农产品加工(2):42-43.

汝元昕，2019. "枫叶之国"：多元文化的移民国家[J]. 留学(11):76-79.

单爱军，孙先明，于斌，2007. 发达国家农业机械化促进政策对我国的启示[J]. 农机化研究(4):164-166.

王加启，2016. 优质奶只能产自于本土奶[J]. 中国乳业(12):18-20.

魏艳骄，朱晶，2019. 乳业发展的国际经验分析：基于供给主体视角[J]. 中国农村经济(2):115-130.

信乃诠，2008. 加拿大农业生产特点及其基本经验[J]. 农业展望，4(5):23-26.

杨云生，2018. 如何实现奶酪品类国产快消化[J]. 中国乳业(10):21-25.

杨祯妮，程广燕，肖湘怡，等，2020. 国内外乳制品消费规律与启示[J]. 世界农业(11):125-133.

尹世久，2015. 有机牛奶的信任危机[J]. 食品界(11):29-29.

于春英，张瑞梅，牟海日，2011. 关于我国奶牛业的思考——加拿大奶牛业考察后有感[C].//中国奶业大会.第二届中国奶业大会论文集.

余柏松，赵劼，黄清新，等，2005. 加拿大的森林认证[J]. 林业科技，30(5)：63-65.

张爱国，肖兴基，2007. 中国有机奶发展的实践与思考[J]. 中国乳业(5):54-58.

张军民，2007. 北美奶牛育种考察报告[J]. 中国奶牛(9):52-55.

MOSHEIM R，KNOX LOVELL C A，2007. Scale economies and inefficiency of U. S. dairy farms[J]. The American Journal of Agricultural Economics，91(3)：777-794.

3 印度奶业发展及与中国合作现状

摘　要： 印度是南亚最大的国家，也是一个农业大国，近70%印度人的收入主要来源于农业，仅畜牧业对农业GDP的贡献率就达到了18%，成为印度农业经济的支柱产业。但印度食素者居多，信奉印度教的人不吃牛肉，信奉伊斯兰教的人不吃猪肉。在印度，信奉印度教的人约占82%，信奉伊斯兰教的人约占12%。因此，印度畜牧业的发展具有独特性。中国和印度奶业过往合作交流较少，但随着中印经贸往来的不断深化，以及"一带一路"倡议和"孟中印缅经济走廊"的建设背景，未来势必为双方奶业提供更大的合作空间。

关键词： 印度；中国；奶业；启示

印度是世界四大文明古国之一，国土面积约为298万平方千米，由28个邦（省）、6个联邦属地及1个国家首都辖区组成，人口约13.5亿，东北与孟加拉国、尼泊尔、不丹和中国接壤，东部与缅甸、孟加拉国为邻，东南与斯里兰卡隔海相望，西北与巴基斯坦交界（苏耿，2007）。印度大部分属于热带季风气候，而西部的塔尔沙漠属于热带沙漠气候，全年高温，年平均气温在22℃以上。3~5月为旱季，6~10月为雨季，11月至次年2月为凉季（Basu，2007）。印度北部是山岳地区，中部是印度河——恒河平原，南部是德干高原及其东西两侧的海岸平原。平原约占国土总面积的40%，高原占33.3%，山地占25%，但这些山地、高原大部分海拔不超过1 000米，低矮平缓的地形在全国占有绝对优势。这些地方不仅交通方便，而且在热带季风气候及适宜农业生产的冲积土和热带黑土等肥沃土壤条件的先天优势下，大部分土地可供农业利用，农作物一年四季均可生长，有着得天独厚的自然条件。印度是农业大国，近70%的人口生活在农村（Singh，2007），2019年印度GDP为2.87万亿美元，其中农林渔业总产值为4 594.61亿元，约占GDP的16.1%（国家统计局数据），奶业在印度农业中占有重要的地位，约占农业总产值的20%（付太银等，2007）。

3.1 印度奶业基本情况

3.1.1 养殖概况

（1）印度是全球第一大奶业生产国

印度是一个农业大国，也是畜牧业大国，畜牧业产值在农业中仅次于种植业，约占农业GDP的18%（国家统计局数据）。同时，印度是一个养牛大国，且牛在印度有着深厚的宗教背景。据统计，2019年，印度全国共养殖各类牛30 240万头，约占全世界的30.7%；牛奶产量约为18 870万吨，约占世界的36.1%，是名副其实的奶业生产大国（表3-1）。

表3-1 2019年世界主要养牛国家牛存栏及产奶情况

国家及地区	牛存栏量（万头）	排名	产奶量（万吨）	排名
印度	30 240	1	18 870	1
巴西	24 414.4	2	2 445	6
美国	9 441.3	3	9 905.64	2
中国	9 138	4	3 201	4
欧盟	8 659.4	5	15 530	3
阿根廷	5 368.5	6	1 064	9
澳大利亚	2 369	7	875	12
俄罗斯	1 804.4	8	3 056	5
全球	98 750.6		52 268.1	

数据来源：美国农业部和印度国家乳业发展委员会。

（2）印度奶畜养殖以水牛和奶牛为主

印度的奶畜品种主要包括奶牛、水牛、奶山羊和奶绵羊，其中奶牛和水牛的存栏占到所有家畜的56.4%（印度国家乳业发展委员会数据），奶类产量占到96.7%（2019—2020年印度政府报告）。

印度养殖奶牛的品种主要分为引进（杂交）牛和地方牛两大类。引进（杂交）牛的存栏约有5 136万头，主要品种为荷斯坦牛、娟姗牛和瑞士褐牛，平均产奶量约为7.33升/天。地方品种牛养殖数量约有14 200万头，主要有辛地红牛、拉蒂牛和沙希华牛等，平均产奶量约为3.41升/天（表3-2）。印度有着深厚的宗教背景，大部分地区禁止对牛进行宰杀，但阿萨姆邦和西孟加拉邦规定牛超过14岁，并获得了当地政府机构的"适合屠宰"证书,则允许宰杀。喀拉拉邦允许屠宰不适合生产、不能繁殖或受到永久伤害且年龄超过 10 岁的动物。阿鲁纳恰尔邦,梅加拉亚邦,曼尼普尔邦,米佐拉姆邦,那加兰邦,特普拉拉邦和拉克沙德威普(联盟领土)尚未制定任何法规或法律禁止牲畜屠宰。

表 3-2 印度奶(水)牛存栏及产奶量

项目	存栏量（万头）	主要品种	平均产奶量（升/天）
引进（杂交）牛	5 136	荷斯坦牛、娟姗牛、瑞士褐牛、红丹麦牛、根西牛	7.33
土著牛	14 200	辛地红牛、拉蒂牛、沙希华牛、坎克瑞吉牛、吉尔牛、塔帕卡牛、德妮牛、克里希那河谷牛、昂果尔牛、红坎达里牛、丹吉牛、希拉里牛	3.41
土著水牛	10 985	摩拉水牛、萨蒂水牛、贾夫拉巴迪水牛、巴达瓦迪水牛、尼里-拉菲水牛、梅萨纳水牛	5.76

数据来源：印度国家乳业发展委员会。

不同于其他牛,印度饲养的水牛不仅用于产奶和使役,水牛还可以被宰杀,这造就了印度水牛肉出口第二大贸易国地位。2019 年,印度水牛存栏数为 10 985 万头,约占家畜总数量的 20.5%（图 3-1）。印度共有 7 个水牛品种,平均产奶量约为 5.76 升/天,其中摩拉水牛是世界最好的水牛品种之一,产奶量可达 10~16 升/天,平均乳脂率为 6.37%,平均乳蛋白率为 4.40%。

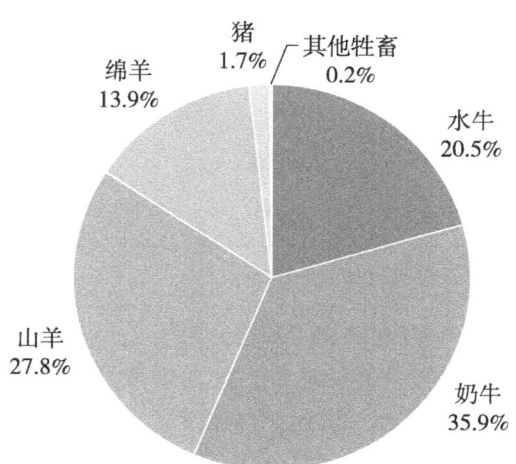

图 3-1 印度养殖各种牲畜存栏占比情况

（数据来源：印度第 20 次牲畜普查数据）

(3) 印度奶类产量的增长依赖于存栏量的增长

20世纪60年代前,印度奶业发展缓慢,牛奶总产量仅为200万吨左右,乳及乳制品的进口量非常大。随着人口的持续增长,牛奶人均供应量减少引起了印度相关政府部门的注意。1960年后,印度政府出台了一系列政策改变这种现状,在这一时期最重要的政策就是鼓励奶农合作社的建立和发展,即著名的"白色革命",又称"洪流计划"。

"白色革命"共分为三个阶段。第一阶段从1970—1980年,这一阶段通过出售欧盟援助的奶粉和黄油,获得实施项目第一步计划的资金。第二阶段从1981—1985年,持续了五年,在这一阶段,印度收奶站从39家增加到了136家,牛奶销售点扩大到约290个城市市场,包括43 000个村级合作社和425万家牛奶生产商,建立了一个自给自足的体系。奶粉产量也由1980年的2.2万吨增加到1989年的14万吨。第三阶段也持续了近10年,这一阶段奶业合作社继续扩大,并完善了牛奶采购及销售的基础设施。"白色革命"结束时,共建立了73 930家奶业合作社,拥有9 300 000多个奶农成员(表3-3)。"白色革命"期间,印度大力发展畜牧业,开展种草养牛,奶(水)牛存栏量逐年提高,同时也使得印度成为了一个牛奶自给自足的国家(图3-2)。

表3-3 印度白色革命各阶段基本情况

项目	第一阶段	第二阶段	第三阶段
时间	1970—1980年	1981—1985年	1986—1996年
收奶站	39	136	170
注册会员数(万个)	180	360	930
平均牛奶采购量(千克/天)	2.6	5.8	10.9
农村牛场加工能力(万升/天)	380	880	1 810
牛奶喷粉能力(吨/天)	261.0	508.0	842.0
液态奶销售量(万升/天)	280	500	990

数据来源:印度国家乳业发展委员会。

2019年,印度奶类总产量约18 775万吨,为历史最高值,奶(水)牛为印度人提供奶类的贡献几乎处于同等重要的地位,分别贡献了49.8%和47.8%的牛奶(表3-4)。但与奶业发达国家相比,印度奶类总产量的提高很大程度上是依赖于奶(水)牛存栏量的增加(图3-2),而并非像其他奶业发达国家那样主要是奶牛单产的提高。

3 印度奶业发展及与中国合作现状

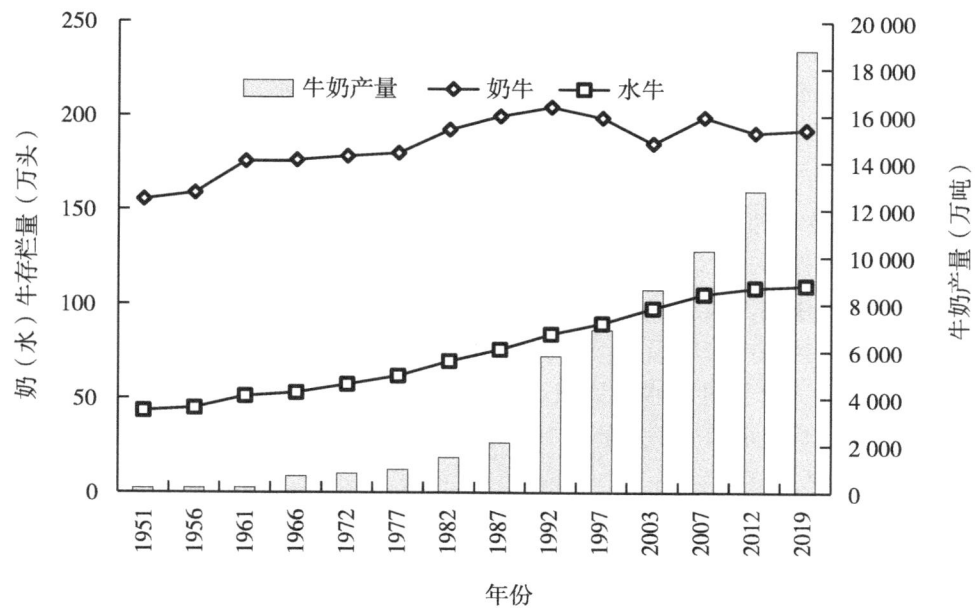

图 3-2 印度奶（水）牛养殖存栏及牛奶产量变化情况
（数据来源：印度第 20 次牲畜普查报告）

表 3-4 印度历年各种奶类产量情况

年份	牛奶产量（万吨）	水牛奶产量（万吨）	总奶产量（万吨）	水牛奶贡献（%）	牛奶贡献（%）
2001	3 295.7	4 342.8	7 965.1	54.5	41.4
2006	3 975.9	5 207.0	9 561.9	54.5	41.6
2011	5 490.3	6 235.0	12 184.7	51.2	45.1
2016	7 364.6	7 645.9	15 548.2	49.2	47.4
2019	8 980.0	9 182.0	18 775.0	48.9	47.8

数据来源：2019—2020 年印度政府报告和 2016—2017 年印度政府报告。

（4）印度奶牛养殖主体为小农户

印度大部分牛奶是由小型边缘农民和无地劳工生产，养殖 1~3 头奶（水）牛规模的农户约占全印度养殖量的 75%，奶产量更是高达印度总产奶量的 65% 以上。主要原因是印度 1/3 的土地是灌溉农田，用地压力大，且印度人口数量庞大，约有 70% 的人口生活在农村地区，规模养殖模式耗费饲料资源较多，容易造成人畜争粮，也是印度所难以承受的。另外牛奶生产已成为印度数以百万计农村家庭收入的重要来源，农户平均收入的 22.5% 来自牛奶销售所得，并且为他们提供了就业机会。家家户户都可以随时喝到新鲜、营养的牛奶。因而，在印度从事牛奶生产不仅可以满足人们对物质的需求，还能解决印度庞大农村劳动力的就业问题，对维护印度社会稳定具有重要作用。

(5) 印度奶牛养殖区域与人口分布基本一致

印度奶业发展存在地区间不平衡的问题,但印度奶(水)牛养殖区域布局基本一致,主要集中在印度中北部地区。这些地区靠近恒河流域,地势稍平坦,饲草秸秆充足,且印度大部分人口分布在这个区域,当地人们养殖奶(水)牛用于提供牛奶或役用。据2019年相关统计资料显示,印度奶牛养殖主要分布在孟加拉邦、北方邦、中央邦和比哈尔邦等10个地区,这些地区养殖了全印度73.9%的奶牛,也为65.8%的人口提供了鲜牛奶及其制品(表3-5)。印度水牛养殖主要分布在北方邦、拉贾斯坦邦、古吉拉特邦和中央邦等10个中北部地区,这些地区养殖了全印度90.7%的水牛,为63.3%的人口提供了水牛奶及其制品。2019年,印度北方邦的奶产量最高,为30 519万吨,约占全印度奶产量的16.3%,其次为拉贾斯坦邦和中央邦,分别占全印度奶产量的12.6%和8.5%。

表3-5 2019年印度不同地区奶牛(水)牛养殖情况

地区	存栏(万头)				奶产量(万吨)	排名	人口(亿人)	排名
	奶牛	排名	水牛	排名				
孟加拉邦	1 910	1	60	—	560.7	12	9 960.9	4
北方邦	1 900	2	3 300	1	3 051.9	1	23 788.3	1
中央邦	1 880	3	1 030	4	1 591.1	3	8 535.9	5
比哈尔邦	1 540	4	770	5	981.8	9	12 480.0	2
马哈拉施特拉邦	1 400	5	560	7	1 165.5	7	12 314.4	3
拉贾斯坦邦	1 390	6	1 370	2	2 366.8	2	8 103.3	6
贾坎德邦	1 120	7	—	—	218.3	17	3 859.4	13
阿萨姆邦	1 090	8	—	—	88.2	21	3 560.7	15
恰蒂斯加尔邦	1 000	9	—	—	156.7	15	2 943.6	17
奥里萨邦	990	10	—	—	231.1	16	4 635.6	11
古吉拉特邦	449.4	—	1 050	3	1 449.3	5	6 387.2	9
安得拉邦	198.0	—	620	6	1 504.4	4	5 390.3	10
哈里亚纳邦	94.5	—	440	8	1 072.6	8	2 820.5	18
泰伦加纳邦	149.3	—	420	9	540.6	13	3 936.3	12
旁遮普邦	152.5	—	400	10	1 259.9	6	3 014.1	16
泰米尔纳德邦	482.0	—	—	—	836.2	10	7 784.1	7
其他地区	3 503.3	—	965	—	1 699.9	—	17 621.4	—
合计	19 249	—	10 985	—	18 775.0	—	137 136.0	—

数据来源:印度国家乳业发展委员会、印度第20次牲畜普查报告和印度人口登记委员会。

3.1.2 生鲜乳销售

印度牛奶生产者生产的牛奶有近40%被直接消费掉,剩下的一般通过正式和非正式的渠道销售。通过正式渠道销售牛奶通常有三种方式,包括奶业合作社、有资质的政府加工厂及私人加工厂。通过奶业合作社是销售牛奶重要的方式,占24%的销售比例。合作社运行效率高,能够保证奶牛统一标准饲养,且通过合作社销售的生鲜乳价格一般略高于政府和私人。通过非正式渠道销售牛奶,通常也有三种模式:散户直接销售给终端消费、通过小贩销售(甜品店、奶油店等)和对小型乳制品生产商进行销售。一般情况下,城市郊区具有一定规模的奶农会直接将生鲜乳销售给城市里的终端进行消费;偏远农村的农户往往会选择把牛奶卖给小贩;部分经销商在市场需求比较大的时候,为了抢到奶源,也会到村子里收奶(Saxena 等,2020)。

印度奶业合作社对生鲜乳价格起决定作用,私营的乳品加工企业及商贩以牛奶合作社的定价为基准进行生鲜乳的收购。一般情况下,牛奶合作社在调整农场生鲜乳价格时,会考虑到饲料、饲草和其他投入成本的增加等因素。近年来,印度牛奶的零售价稳中有升,一方面是由于高关税贸易政策,印度不受世界乳制品市场的影响;另一方面是由于奶(水)牛生产过程中投入品成本增加导致,奶(水)牛养殖过程中使用的饲草、芥子油饼和棉籽油饼的成本分别以10%、4%和24%的复合年增长率增长,而牛奶价格仅增长了2.5%(图3-3)。长期以来,为了维护奶农利益,抵消奶农利润的损失,印度联邦政府采取现金或银行转账的形式给予补贴,以维护牛奶生产者的利益。

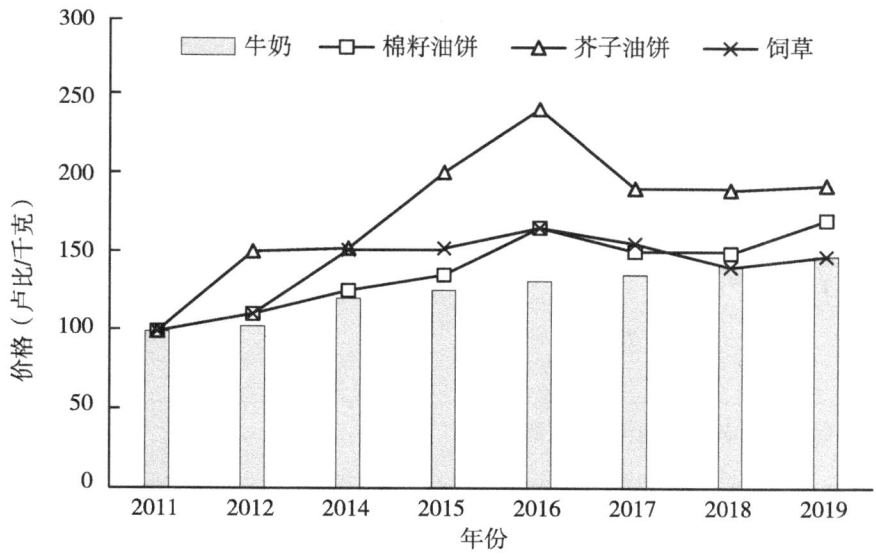

图3-3 印度牛奶及饲料投入品价格情况

(数据来源:印度商业和工业部)

3.1.3 乳制品加工

印度乳品加工企业主要有合作社、私人及政府投资的企业三种形式，其中合作社和私人是印度乳制品行业的核心参与者，分别占印度全国加工能力的 35.9% 和 60.8%，虽然在数量上私人拥有比合作社更多的加工企业，但合作社的加工效率及加工能力却高于私人（表 3-6）。截至 2019 年，印度已经建立了 22 个邦级销售联盟，190 516 个奶业合作社，共吸收了 1 693 万个奶农会员（印度国家乳业发展委员会数据）。奶业合作社控制了印度全国液态奶的大部分市场份额，奶业合作组织创造的品牌几乎是高品质和高附加值的代名词，颇受消费者青睐。

表 3-6 印度不同地区不同类型乳品企业数量及日加工能力

项目	合作社 数量	合作社 加工能力（吨/天）	私人 数量	私人 加工能力（吨/天）	政府 数量	政府 加工能力（吨/天）	合计 数量	合计 加工能力（吨/天）
马哈拉施特拉邦	86	7 865	276	15 641	33	3 086	395	26 592
北方邦	35	2 476	216	22 569	0	0	251	25 045
古吉拉特邦	16	13 160	15	917	2	400	33	14 477
泰米尔纳德邦	11	4 030	26	5 289	0	0	37	9 319
旁遮普邦	13	1 820	64	6 529	0	0	77	8 349
安得拉邦	9	2 150	39	5 693	0	0	48	7 843
拉贾斯坦邦	18	2 420	20	3 361	0	0	38	5 781
中央邦	5	1 000	35	4 013	0	0	40	5 013
卡纳塔克邦	16	4 323	8	485	0	0	24	4 808
德里	0	0	1	3 500	1	500	2	4 000
哈里亚纳邦	5	470	31	2 417	1	60	37	2 947
孟加拉邦	3	816	12	1 145	0	0	15	1 961
喀拉拉邦	15	1 223	10	373	0	0	25	1 596
比尔哈邦	10	700	2	400	0	0	12	1 100
其他	21	798	10	920	0	0	31	1 718
合计	263	43 251	765	73 252	37	4 046	1 065	120 548

数据来源：美国农业部和印度农业部畜牧司。

印度几乎每个邦都建有奶业合作社，其中比较大的有古吉拉特邦合作社牛奶销售联盟有限公司（Gujarat Cooperative Milk Marketing Federation Ltd, GCMMF)、拉贾斯坦邦乳制品合作联盟有限公司（Rajasthan Cooperative Dairy Federation Ltd, RCDF)、卡纳塔克邦牛奶合作生产者联合会有限公司（Karnataka Cooperative Milk Producers' Federation Ltd, KFM）和马哈拉施特拉邦马哈南德乳品公司（Maharashtra Rajya Sahakari Dudh Mahasangh

Maryadit Dairy，MRSDMM）等。GCMMF 总部位于印度古吉拉特邦的阿南德小镇，是印度最大的食品销售机构，产品以各类乳制品为主，还包含巧克力、含乳饮料、冰淇淋等。GCMMF 以 Amul 合作模式而闻名，奶农和养牛场主以更高的价格直接向地区合作社出售牛奶。阿穆尔生产的酥油、芝士、酸奶、调味奶、巧克力、冰淇淋和其他乳制品在印度本国及世界各国都很受欢迎，阿穆尔也是印度乃至世界上最成功的合作社企业。

印度的乳制品种类繁多，达几十种，形状风味各异，大约 46% 的生鲜乳（水牛奶可达 70%）是以液态奶的形式生产并销售的，50% 被加工成深受印度人民喜爱的传统奶产品，如印度酥油、奶豆腐、奶酪蛋糕、奶酪汤等；而另有 4% 则被加工成奶粉、奶酪等西方式乳制品（图 3-4）。相关资料显示，2019 年，印度发酵乳、黄油及脱脂乳粉产量较上一年度有较大幅度提升，产量分别达到 66.7 万吨、37.9 万吨和 27.7 万吨，但奶酪及全脂乳粉产量有所下降，分别为 4.8 万吨和 5.9 万吨（表 3-7）。

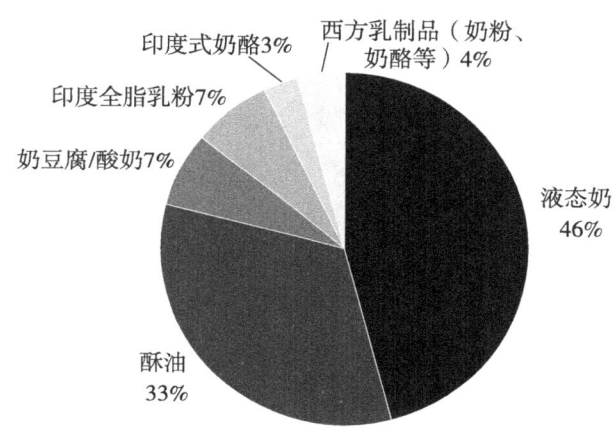

图 3-4　印度牛奶的加工利用模式
（数据来源：印度国家乳业发展委员会）

表 3-7　印度主要乳制品产量情况

项目	产量（万吨）		产量变化（%）
	2018 年	2019 年	
发酵乳	45.6	66.7	46.3
黄油	27.3	37.9	38.8
奶酪	6.1	4.8	-21.3
全脂乳粉	9.1	5.9	-35.2
脱脂乳粉	14.6	27.7	89.7

数据来源：The World Dairy Situation 2019。

3.1.4　乳制品消费

奶业在印度畜牧业中占有重要的地位。2018—2019 年，印度奶业产值约占畜牧业总产值的 66.6%，在印度畜牧业中占有主导地位（图 3-5）。印度有 80% 的人口信奉印度教，牛也被印度教徒视为"圣兽"，认为牛既是繁殖后代的象征，又是人类维持生存的基本保证。神牛的粪便在印度也不能随便丢弃，印度人认为牛的粪便具有神性，是能够清除污秽、洁净灵魂的神物。也因为如此，印度人会把牛粪做成牛粪饼，晒干储存，用作燃料（农村使用率占 30%）或家庭避邪。印度为了牛的宰杀甚至制定了严格的法律，禁止对牛进行随意宰杀。另外，信奉伊斯兰教的教徒不吃猪肉，信奉佛教的教徒也只吃素食，因而牛奶就成了印度居民日常生活中蛋白的重要来源。无论是在城市还是农村，印度人们动物源性蛋白支出中乳及乳制品的消费占比均在 70% 以上（图 3-6）。

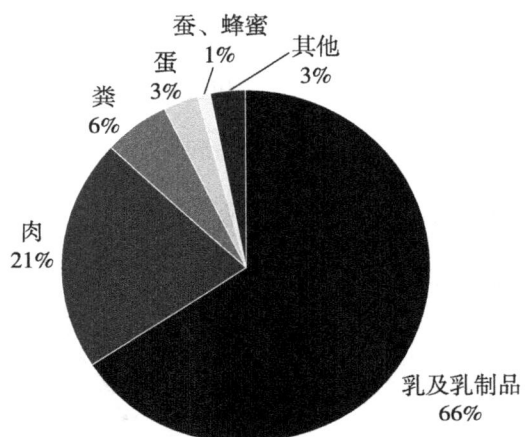

图 3-5 印度奶业在畜牧业总产值中的比例

（数据来源：印度国家统计局）

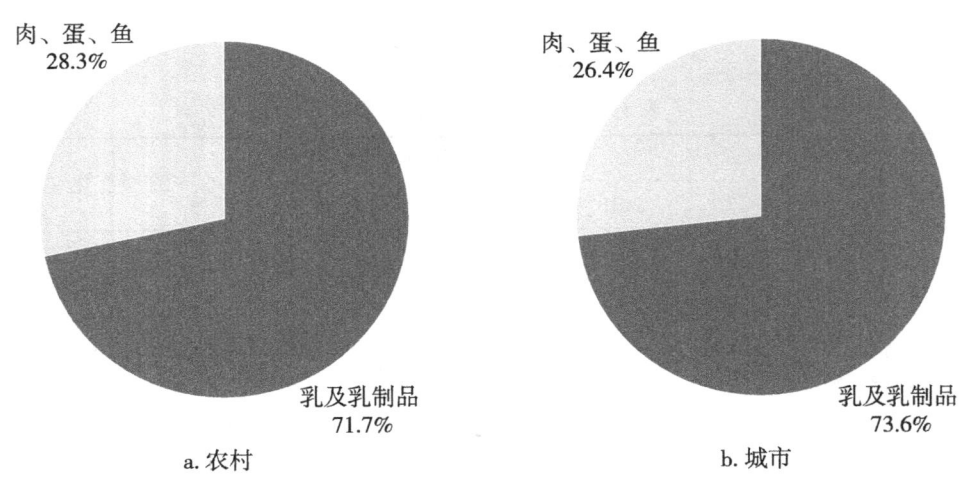

图 3-6 印度农村及城市地区人均每月动物源蛋白食物开销情况

（数据来源：印度国家统计局）

印度乳制品消费大致可分为三个阶段。第一阶段是1970年之前，即印度"白色革命"实施以前，该时期印度与邻国巴基斯坦进行了三次冲突，导致国内外社会环境不稳定，奶业发展缓慢，乳制品人均供应量维持在45千克/年；第二阶段为1971—1987年，牛奶总产量及人均可支配收入有了稳步提升，但是由于人口大幅增加，印度人均牛奶供应量仍然没有太大变化；第三阶段为1988年至今，该时期印度牛奶总产量及人均GDP有了大幅提升，人均牛奶供应量持续升高，2019年达到148.3千克/年，同比增长5.1%，人均消费量达到了世界上等水平（图3-7）。

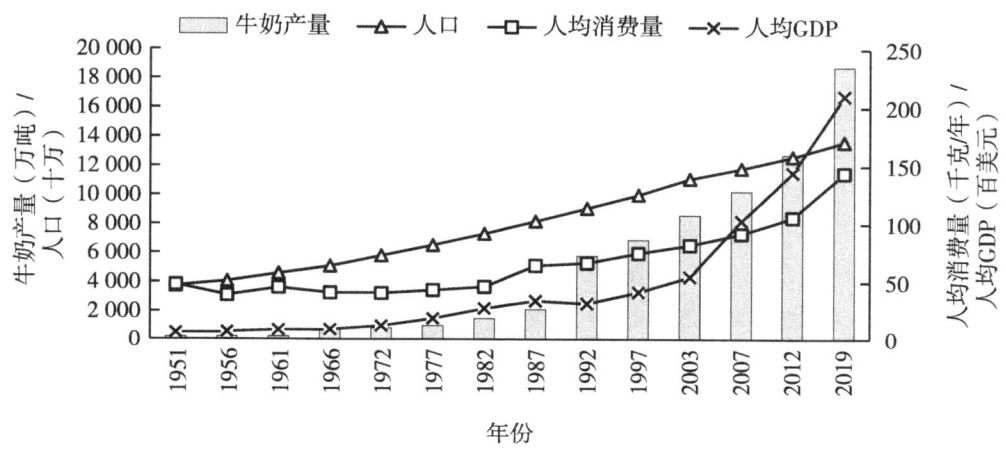

图3-7 印度牛奶产量、人均消费量及人口情况
（数据来源：印度国家乳业发展委员会和印度国家统计局）

牛奶及其制品是印度人饮食中的重要组成部分，且随着人口的持续增加，印度已成为了全球牛奶总消费量最大的国家。2019年，印度牛奶消费总量接近8 000万吨，相当于欧盟、美国、中国和巴西消费量的总和，消费市场巨大（图3-8）。根据印度

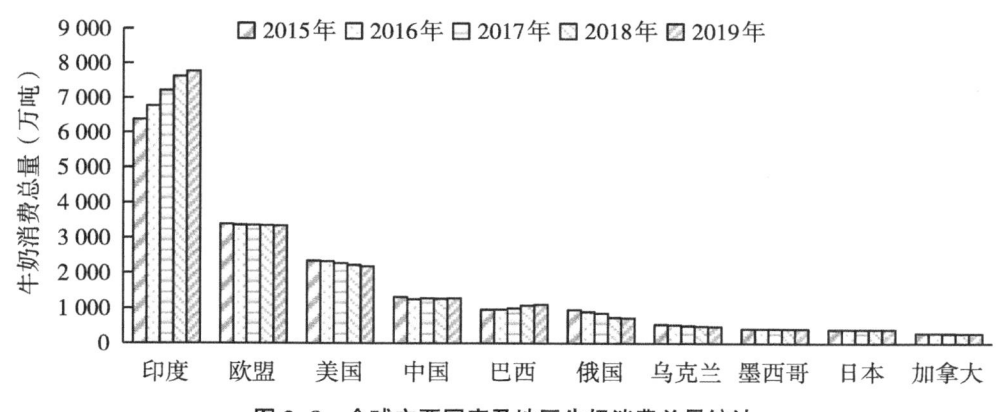

图3-8 全球主要国家及地区牛奶消费总量统计
（数据来源：印度国家乳业发展委员会）

国家奶业发展委员会报道，2021—2022 年，印度国内乳制品需求大约在 2.0 亿~2.1 亿吨，到 2022 年，全国牛奶产量预计将达到 1.75 亿吨。据业内分析人士估计，到 2025 年，印度的乳制品消费将占到全球的 39%。另外，印度城市消费者在乳及乳制品上的支出比农村消费者约高出 60%（图 3-6）。因而，随着人们生活水平的提高，以及未来印度城市化和农村向城市的迁移，将进一步增加人们对牛奶的需求。

3.1.5 奶业贸易

（1）印度乳制品生产及消费以自给为主

2009—2019 年，印度奶业自给率一直维持在 100% 左右，生产的乳制品大部分在本国消费，出口仅占生产的一小部分（图 3-9）。一方面，一些附加值高的乳制品，如脱脂乳粉、奶酪、乳糖、酪蛋白、黄油和冰淇淋等在价格竞争有优势及海外需求强劲时才被允许出口创收。另一方面，由于印度实行较高的乳制品关税，乳脂和奶粉进口的基本关税分别控制在 40% 和 60%，对于其他乳制品，进口关税则为 30%，再加上国内乳制品价格具有一定的价格优势，国外乳制品很难进入印度市场。2019 年，印度乳及乳制品出口量仅为 17.14 万吨，出口商品以黄油和脱脂乳粉为主，出口量分别占全国产量的 12.9% 和 16.2%，而出口总量占生鲜乳产量不足 0.1%。2019 年，印度乳及乳制品进口量为 1.68 万吨，主要涉及的商品是液态奶和奶酪等，其中液态奶进口量占全国产量不到 0.01%，奶酪进口量占其产量约为 4.1%。

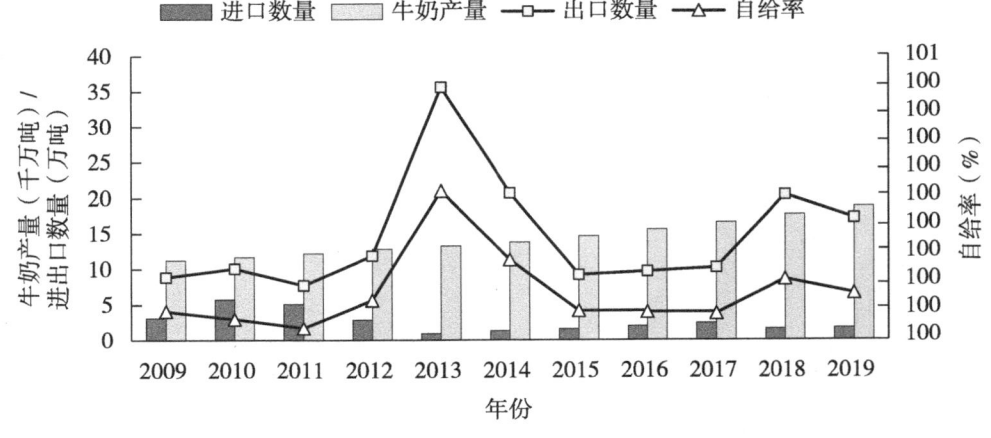

图 3-9　印度乳制品贸易量及自给率情况

（数据来源：印度国家乳业发展委员会和联合国商品贸易统计数据库）

（2）印度乳制品贸易总体呈顺差状态

近 10 年以来，印度乳制品贸易总体呈现出顺差状态。2013 年之前，由于乳制品出口的快速增加，贸易顺差额持续增加，从 2009 年的 1.53 亿美元增长至 2013 年的

11.74亿美元，达到了最高值，此后几年随着出口额的下降，贸易顺差有所降低。但从2017年开始，贸易顺差随着出口活动的恢复有所增加。2019年，印度乳制品贸易顺差为5.65亿元（图3-10）。

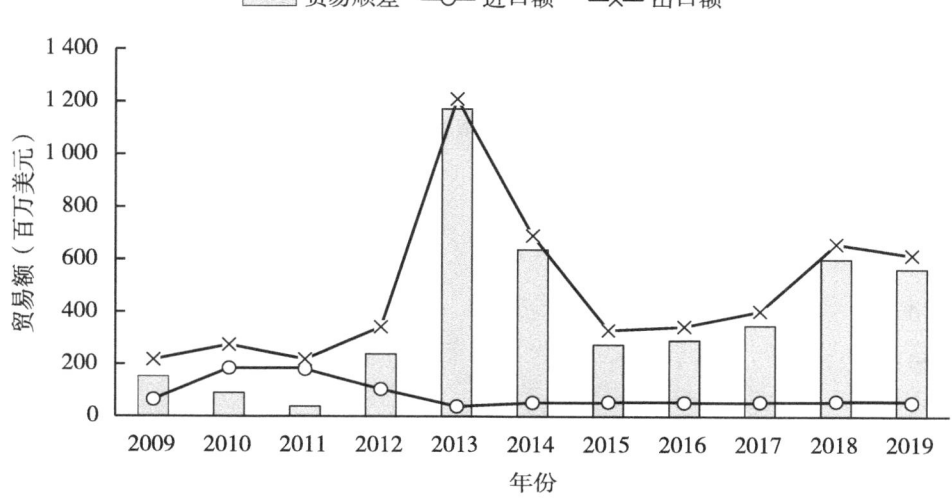

图3-10 2009—2019年印度乳及乳制品贸易情况

（数据来源：联合国商品贸易统计数据库）

（3）进口来源地相对稳定，出口目的地趋于分散

长期以来，与印度从事乳及乳制品贸易的国家比较多，主要是亚非拉美等地区的国家，其进口来源国相对稳定（图3-11），主要分布在西欧、东南亚和南亚地区，包

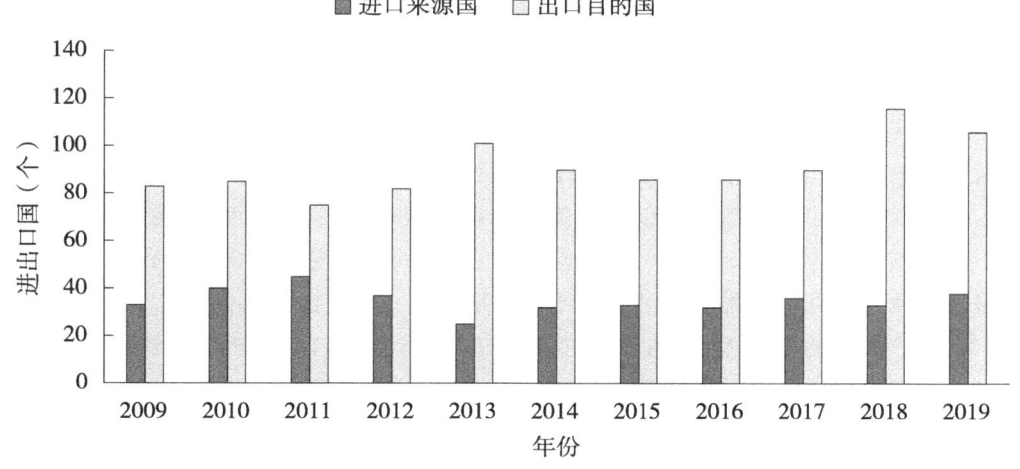

图3-11 2009—2019年印度乳及乳制品进口及出口国数量变化

（数据来源：联合国商品贸易统计数据库）

括法国、泰国、新加坡、荷兰、意大利、德国、丹麦、英国、土耳其和孟加拉国等10个国家，这些国家占了印度乳制品进口总额的86.6%。印度乳制品进口年际间波动较为明显，2009年，印度进口的乳制品主要为奶油、奶粉、乳清及奶酪，分别占乳制品进口额的68.5%、13.3%、7.9%和6.9%，随着乳制品进口的比例显著变化，特别是婴幼儿配方乳粉，进口比例由2009年的1.2%增加到2019年的37.9%。此外，乳清和奶酪的进口比例也呈增加趋势，分别上升至29.6%和18.9%（图3-12）。

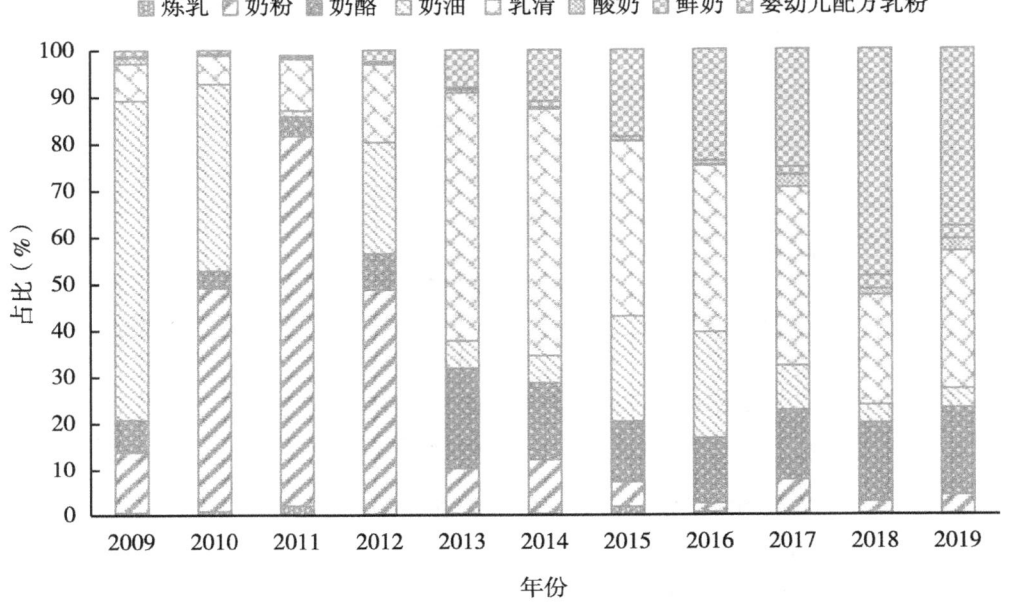

图3-12　2009—2019年印度乳制品进口结构

（数据来源：联合国商品贸易统计数据库）

印度乳制品出口涉及了约100个国家及地区（图3-11），但大部分乳制品出口集中在土耳其、孟加拉国、阿联酋、不丹、尼泊尔、埃及、沙特、美国、新加坡和印度尼西亚等10个国家，占乳制品出口总额的81.9%。印度乳制品出口品种丰富。2009年，在印度出口的乳制品中，以奶粉最多，占46.0%，其次是奶油和婴幼儿配方乳粉，分别占24.1%和18.1%，而以炼乳（0.61%）和酸奶（0.16%）出口最少。2009—2019年，印度奶酪和奶油出口比例明显上升，奶酪出口比例由6.5%逐渐上升到11.0%，最高的年份达到14.7%；奶油出口比例由24.1%逐渐上升到61.3%。奶粉出口比例近年来出现了明显下降，从2009年的46.0%下降到2019年的9.4%，其他乳制品的出口变化不明显（图3-13）。

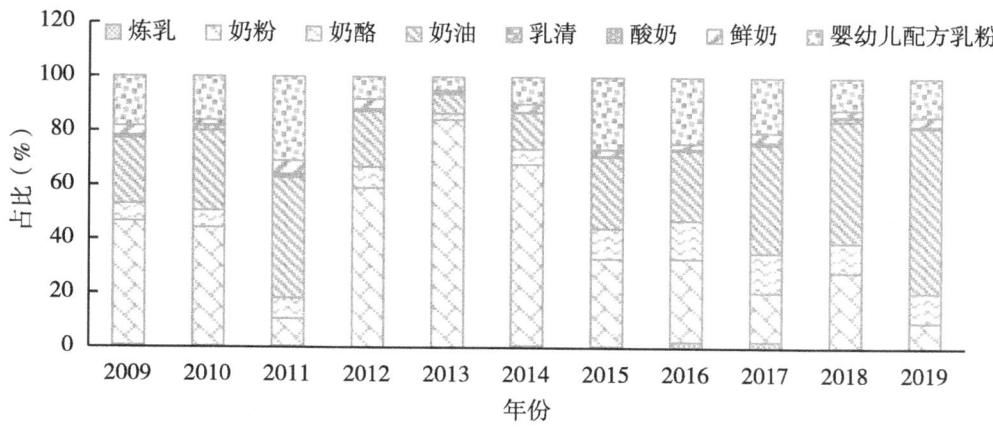

图 3-13 2009—2019 年印度乳制品出口结构
（数据来源：联合国商品贸易统计数据库）

3.2 中国与印度奶业合作现状

3.2.1 乳制品贸易

中印是亚洲最大的两个国家，作为近邻，两国之间贸易频繁。2020 年中印间的双边贸易额达到 777 亿美元，尽管这一数字低于 2019 年的 855 亿美元，但这足以使中国取代美国成为印度最大的贸易伙伴，两国之间有着密不可分的贸易关系。相比两国间巨大的贸易总额，中印两国之间的乳及乳制品的贸易量却很小。由于印度对中国的乳及乳制品贸易禁令及其自身的高关税壁垒政策，2009—2019 年，中印之间乳及乳制品贸易基本呈现单边贸易状态，主要以印度向中国出口活体动物为主，且贸易出口量波动较大。自 2011 年以后，印度向我国内地出口的乳制品量很少，主要以向中国香港地区出口为主，出口的商品以黄油、脱脂乳粉及奶酪为主，而液态奶出口却很少（联合国商品贸易统计数据）。

3.2.2 行业交流

中印作为世界上两个奶业生产大国，但两国间的奶业贸易体量比较少，如 2019 年，印度对中国乳及乳制品的出口量仅占其出口总量的 0.35%，印度向中国进口的量更是可以忽略不计（联合国商品贸易统计数据）。另外，两国间大型的行业交流也比较少，相互间的行业投资更是少之又少。自 20 世纪 90 年代以来，中印两国的行业交流主要是中方人员去印度学习奶牛养殖技术和管理经验，特别是水牛养殖方面。作为世界上最大的水牛养殖国家,其养殖发展历程和养殖技术与管理值得我国借鉴与学习。为此,我国各省、地区经常组织学习团去印度考察与交流。

3.2.3 政府合作

在国家"一带一路"倡议(刘彬凤,2020)和"孟中印缅经济走廊"(罗圣荣,2018)建设的政策背景下,中印两国合作关系继续向前发展。双边经贸关系处于历史上最好水平,中国取代美国成为印度最大的贸易合作伙伴。中印双方应结合两国的优势资源,加大双边贸易,提升经济效益,提高人民生活水平,实现合作共赢是双方努力的共同目标。

3.3 对我国奶业发展的启示

3.3.1 立足国内市场,增加乳制品消费水平

2019年,印度牛奶年人均占有量已达148.3千克(印度国家乳业发展委员会数据),而中国不足36千克(中国奶业质量报告数据),仅是印度的1/4,还有很大的提升空间。印度政府根据人们消费习惯,有效利用了消费者收入水平增长的市场机遇,不断扩大国内市场,且印度市场上拥有的乳制品种类有几十种,包括酥油、芝士、酸奶、调味奶、巧克力、冰淇淋等,在人们消费鲜奶的同时,还有种类繁多的乳制品可供选择,增加了人们的选择机会。与印度不同的是,牛奶并不是我国居民饮食中重要组成部分。近些年来,尽管我国奶类消费需求增长很快,但从总体上来说还远远不足,还有相当大一部分人,尤其是农村居民很少或不消费乳制品。因此,增加我国人均乳制品消费水平,就必须培养和扩大中国的奶类消费群体,且乳品加工企业要生产更多质优味美的乳制品来增加或创造人们乳制品的消费需求。

3.3.2 因地制宜,适度发展奶水牛业

印度水牛奶产量几乎占了牛奶总产量的一半,水牛奶在印度居民生活中扮演着重要的角色。中国南方地区地处亚热带,高温湿热,不利于奶牛养殖,因此当地奶业的发展一直受到限制。为大力发展当地奶业,我们也可以借鉴印度的经验,在中国南方地区大力发展水牛奶业。中国水牛属沼泽型水牛,具有适应热带和亚热带气候的生存条件,而中国南方地区正好饲养水牛,据初步统计,全国挤奶水牛仅2万多头,水牛奶年产量占奶类总产量的比重较小,开发潜力很大。另外,水牛是优质的奶畜品种,其所产的牛奶营养价值高于奶牛。中国可以通过引进印度优良奶水牛品种,通过杂交改良我国南方水牛的产奶性能,为当地乃至全国人民提供优质的水牛奶。

3.3.3 将维护奶农合理利益放在重要位置

印度政府非常重视奶农的利益，比如在奶农租赁土地及银行短期贷款利息上享受优惠。另外，印度政府还为因自然或市场因素导致生产利润减少的奶农采取现金或银行转账的形式给予补贴。印度政府还设立了国家奶业研究院、农村管理学院等研究和教育机构，为从业人员提供技术培训，各级政府经常组织技术人员下乡，普及养牛技术，规范挤奶操作程序，提高奶农的养殖技术水平。我国乳品加工企业和奶农是买卖关系，风险往往转嫁给奶农，限收拒收、压级压价屡有发生，奶农权益时常受到损害。对此可借鉴印度的经验，一是行业协会应强化服务意识，比如开通奶业咨询服务热线等，为奶农提供支持和帮助；二要积极推进奶业保险"扩面、提标"，扩大生鲜乳目标价格保险试点范围，提高奶农防范市场风险的能力，减少奶农的经济损失。

参考文献

付太银，齐树河，方雨彬，等，2020.印度奶业发展现状及分析[J].中国畜牧业，561(18):53-55.

刘彬凤，2020."一带一路"背景下中印农业合作的现状及推进策略[J].对外经贸实务(9):31-34.

罗圣荣，聂姣，2018.印度视角下的孟中印缅经济走廊建设[J].南亚研究，125(3):1-7.

苏耿，2007.印度地理环境及经贸现状分析[J].现代商业，168-169.

中国奶业协会，2020.中国奶业质量报告[M].北京：中国农业科学技术出版社.

BASU B, 2005. Some characteristics of model-predicted precipitation during the summer monsoon overIndia[J]. Journal of Application Meteorology, 44: 324-339.

BULLETIN, 2019. The World Dairy Situation [M]. International Dairy Federation (I.N.P.A.).

Government of India, 2017. Annual Report 2016-17 [EB/OL]. https://www.dahd.nic.in/sites/default/filess/Annual%20Report%202016-17.pdf.

Government of India, 2020. 20th Livestock census key results[EB/OL]. https://epashuhaat.gov.in/documents/ProvisionalKeyResultsof20thLivestockCensus.pdf.

Government of India, 2020. Annual Report 2019-20 [EB/OL]. https://dahd.nic.in/sites/default/filess/Annual%20Report%202019-20.pdf.

Government of India, 2020. National Accounts Statistics-2020 [EB/OL]. http://mospi.nic.in/.

Ministry of Agriculture and Farmers Welfare, Government of India[EB/OL]. https://agricoop.nic.in/.

Ministry of Commerce and Industry, Government of India[EB/OL]. http://commerce.gov.in/.

Ministry of Statistics and Programme Implementation, Government of India[EB/OL]. http://www.mospi.nic.in/.

National Commission on Population[EB/OL]. https://www.un.org/development/desa/pd/.

National Dairy Development Board[EB/OL]. https://www.nddb.coop.

SAXENA R, KHAN M, CHOUDHARY B, et al, 2020. The trajectory of livestock performance in India: a review[J]. Indian Journal of Dairy Science, 72(6):569-679. DOI: 10.33785/IJDS.2019.v72i06.001.

SINGH R, 2019. Best practices of agriculture in India[J]. International Journal of Agriculture and Environmental Research, 3(1):2310-2325.

UN. Comtrade Database[EB/OL]. https://comtrade.un.org/data/.

US. Department of Agriculture[EB/OL]. https://www.usda.gov/.

4 波兰奶业发展及与中国合作现状

摘 要：波兰奶业生产在欧盟占有重要地位，牛奶产量排名欧盟第四，奶牛存栏排名欧盟第三，但养殖规模小于欧盟其他主要牛奶生产国，生鲜乳价格也相应较低。近年来，波兰奶牛存栏呈下降趋势，但产奶量趋于稳定，主要源于奶牛单产的不断提升。波兰奶农生鲜乳销售主要有两种方式，即送往加工厂加工，自食或销往当地市场，近年来，生鲜乳交售量占生产量的比例不断加大，由2000年的53.8%增加至2019年的83.9%。波兰乳制品加工企业正在转型升级中，2020年奶业20强企业销售额占整个行业销售额的75%。人均乳制品消费整体呈下降趋势，主要是液态奶消费下降，奶酪和酸奶消费呈上升趋势。乳制品贸易一直呈顺差状态，欧盟是其主要贸易伙伴，乳制品出口以低价值的乳制品为主，进口以高价值的乳制品为主，中国已成为波兰乳制品出口增长最快的市场。未来应借助"一带一路"倡议，加强对波兰奶业方面的投资，借助中欧班列，扩大乳制品贸易。

关键词：波兰奶业；生产现状；乳制品贸易

波兰位于欧洲大陆中部，西接德国，南邻捷克，北面海岸是波罗地海，东部和立陶宛、乌克兰接壤，国土面积约31.3万平方千米，基本属于由海洋性向大陆性气候过渡的温带阔叶林气候，冬无严寒，夏无酷暑，全年气候温和湿润，年平均温度为15~24℃，3—5月为春季，气温在5~15℃；6—8月为夏季，气温在20~25℃；9—10月为秋季，11月至翌年的2月为冬季，12月是最冷的月份，冬季的平均温度在0℃左右；年均降水量约为600毫米，适宜于农业耕作与畜牧养殖业发展。2020年波兰总人口数为3 826.5万人，其中农村人口占全国总人口的40.1%。

波兰曾经是欧洲强国，后国力衰退，1772年、1793年和1795年三次被沙俄、普鲁士和奥匈帝国瓜分，1918年11月11日恢复独立。"二战"期间被德国和俄国瓜分。"二战"结束后被纳入苏联在东欧的势力范围。苏联解体后，波兰政治体系发生变动，经济体系也由计划经济转变为市场经济，2004年5月加入欧盟。自加入欧盟以来，整体经济形式持续向好，经济规模不断扩大，GDP由2000年的1 722亿美元逐步扩大到2020年的5 960亿美元。

4.1 波兰奶业基本情况

4.1.1 畜牧业生产

波兰农业用地面积1 450万公顷,草原面积320万公顷,平均每100公顷饲养牛、猪、羊、马等大家畜47头。波兰国家统计局数据显示,2010—2019年,波兰牛、猪、鸡和火鸡存栏呈增加趋势,奶牛及猪存栏呈下降趋势,但肉蛋奶产量整体呈增加趋势(表4-1、表4-2)。波兰农业统计年鉴数据显示,波兰畜牧业生产在欧盟占有重要位置,猪肉、牛奶、禽蛋产量均位居前列(表4-3)。

表4-1 2005—2019年波兰畜禽存栏情况

畜禽种类	2005年	2010年	2015年	2017年	2018年	2019年
牛(千头)	5 160	5 742	5 961	6 143	6 201	6 358
奶牛(千头)	2 648	2 646	2 445	2 374	2 429	2 461
猪(千头)	16 350	15 244	11 640	11 353	11 828	10 781
母鸡(千只)	113 488	130 959	139 588	176 710	180 758	178 342
鹅(千只)	2 018	1 463	1 213	953	1 026	1 061
火鸡(千只)	5 008	7 366	9 008	10 846	14 386	15 939
鸭(千只)	4 559	2 672	3 401	3 604	5 125	5 704

数据来源:波兰国家统计年鉴。

表4-2 2005—2019年波兰畜禽产品产量情况

肉品种类	2005年	2010年	2015年	2016年	2017年	2018年	2019年
肉(千吨)	2 927	3 327	4 088	4 388	4 543	4 914	4 919
牛肉(千吨)	275	373	441	470	525	540	530
猪肉(千吨)	1 596	1 516	1 581	1 607	1 627	1 706	1 610
禽肉(千吨)	1 013	1 386	2 021	2 267	2 348	2 621	2 737
奶(十亿升)	11.6	11.9	12.9	12.9	13.3	13.8	14.1
禽蛋(十亿单位)	9.6	11.1	10.5	10.6	11	11.8	12.1

数据来源:波兰国家统计年鉴。

表 4-3 波兰畜牧业生产在欧盟的地位

项目		占比（%）		位次	
		2010 年	2019 年	2010 年	2019 年
产品产量	猪肉	7.8	8.9	4	4
	牛奶	8.3	7.3	4	5
	禽蛋	9.2	9.2	7	7
存栏	牛	6.4	7.0	7	6
	猪	9.9	7.9	3	6

数据来源：波兰农业统计年鉴。

4.1.2 奶牛养殖

波兰奶业生产在欧盟占有重要地位。波兰牛奶产量排名欧盟第四（图 4-1），奶牛存栏排名欧盟第三，但养殖规模小于欧盟其他主要牛奶生产国（图 4-2）。

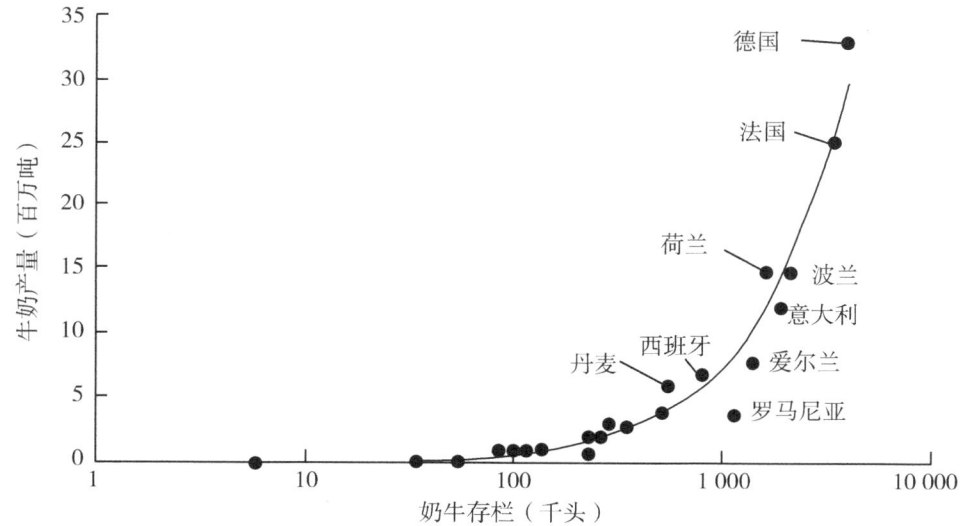

图 4-1 2019 年欧盟 27 国不同国家奶牛存栏及牛奶产量情况

注：线代表欧盟不同养殖规模的奶牛单产量。位于线上的国家奶牛单产高于欧盟 27 国，反之亦然。

（数据来源：Eurostat）

波兰牛奶产量从依赖存栏到依赖单产转变。1946—2019 年，波兰奶牛养殖可分为三个阶段，第一阶段为 1946—1989 年，牛奶产量增长迅速，主要依赖于奶牛存栏及单产的增长。第二阶段为 1990—1995 年，牛奶产量及存栏量大幅下降，而单产维

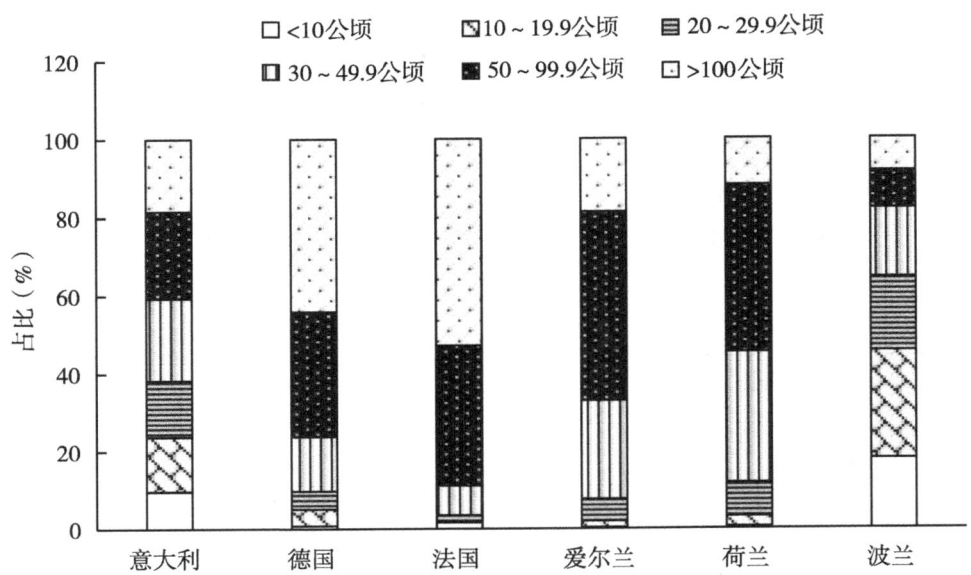

图4-2 2013年欧盟主要牛奶生产不同规模牛场存栏占比情况
(数据来源:Quick Scan Polish Dairy Sector 2018)

持在3.14吨/(头·年)的水平。主要由于1989年苏联解体后,终止了对农民的保护价,以及从欧盟进口的乳制品大幅增加,取代了国内生产(Jesse等,2015)。第三阶段为1996年至今,牛奶产量稳定在一定水平,奶牛存栏持续下降,直至2017年奶牛存栏开始小幅增长,奶牛单产则持续增高,从1995年的3.14吨/(头·年)增长至2019年的5.86吨/(头·年)(图4-3)。

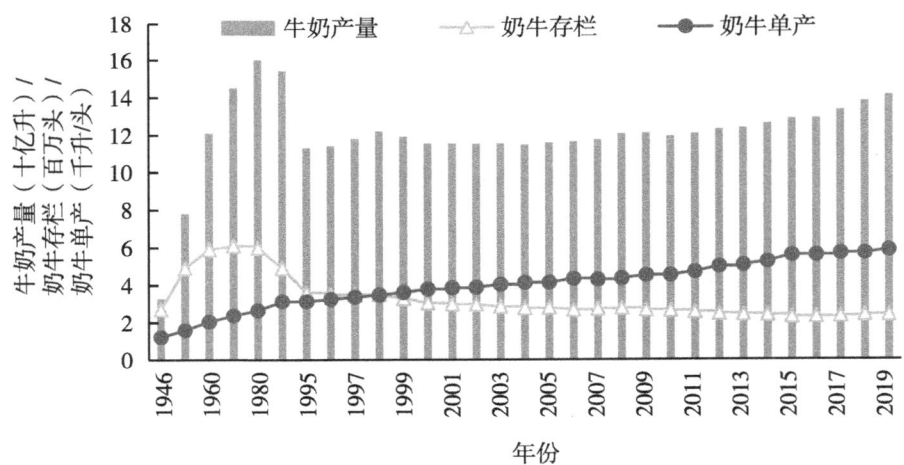

图4-3 1946—2019年波兰牛奶产量随奶牛存栏及单产变化情况
(数据来源:波兰国家统计局)

奶牛养殖以中小规模为主。存栏规模以 10~99 头为主，其存栏量占到全国的 73% 左右（图 4-4）。牧场占地面积大部分在 2~20 公顷（图 4-5）。

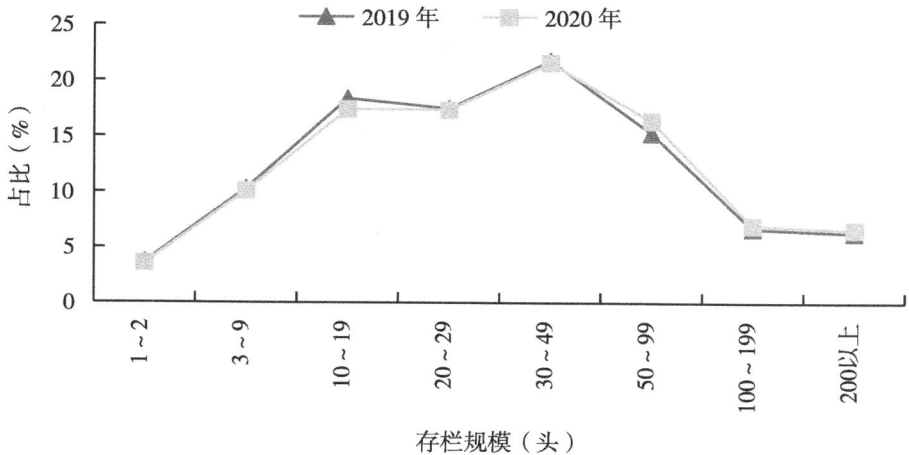

图 4-4　2019—2020 年波兰不同存栏规模奶牛场存栏占比情况

（数据来源：波兰饲养动物统计年鉴）

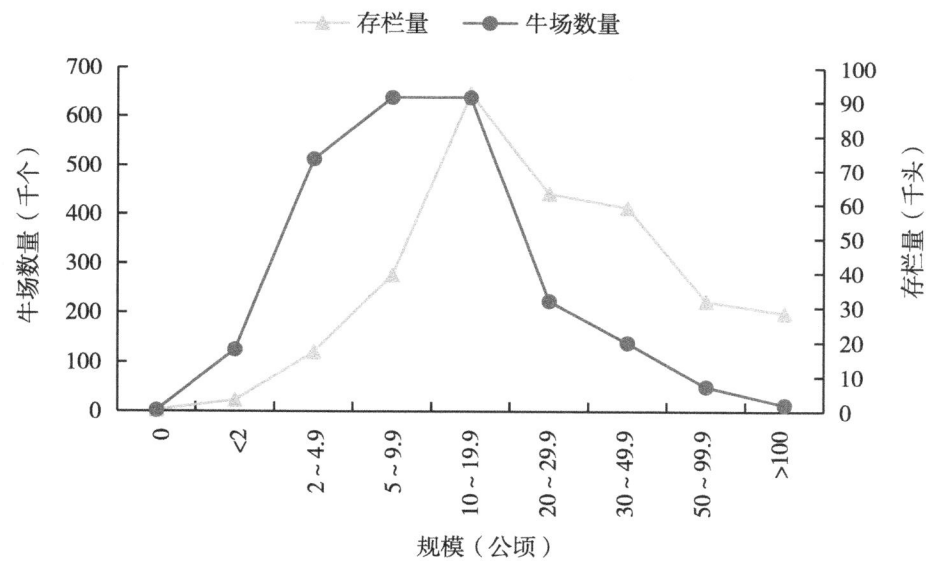

图 4-5　2013 年不同规模牧场数量及存栏情况

（数据来源：Quick Scan Polish Dairy Sector 2018）

奶牛养殖集中在 Mazowieckie、Podlaskie 和 Wielkopolskie 三个地区。Mazowieckie 奶牛存栏量及牛奶产量最大，2019 年分别占到全国的 23.4%和 28.75%，该地区的消费者高度集中，波兰人口最大的城市首都华沙位于该地区（表 4-4）。与 Mazowieckie 不同，Podlaskie 和 Wielkopolskie 由于地处适合放牧和干草生产的河谷地带，在 1989 年适应市场经济体制和 2004 年加入欧盟后，自然资源优势得到了长足的发挥，乳制品行业快速发展（Sobczynski 等，2015）。但这三个地区的养殖规模相对较小，存栏 10~49 头的养殖场占比较大，而 Dolnośląskie、Opolskie、Zachodniopomorskie 养殖规模较大，存栏 200 头以上的牧场存栏量占比在 30%以上（表 4-5）。

表 4-4　2004—2019 年波兰不同地区奶牛存栏及牛奶产量占全国比例情况

地区	存栏占比（%）				牛奶产量占比（%）				人口（千人）
	2004 年	2010 年	2015 年	2019 年	2005 年	2010 年	2015 年	2019 年	
Dolnośląskie	2.0	1.4	1.5	1.3	2.02	1.50	1.66	1.57	2 891
Kujawsko-pomorskie	5.9	7.3	7.2	7.5	5.88	7.57	8.08	9.19	2 062
Lubelskie	8.1	6.2	6.1	5.7	8.12	6.47	6.82	7.03	2 095
Lubuskie	1.1	0.9	0.7	0.6	1.14	0.95	0.74	0.74	1 007
Łódzkie	8.8	8.1	7.6	7.8	8.82	8.39	8.54	9.54	2 455
Małopolskie	5.4	3.0	2.5	2.0	5.35	3.08	2.83	2.48	3 411
Mazowieckie	17.8	23.3	21.7	23.4	17.81	24.16	24.33	28.75	5 423
Opolskie	2.5	2.4	2.1	2.0	2.47	2.53	2.32	2.42	983
Podkarpackie	4.0	2.3	1.8	1.2	4.01	2.37	2.00	1.40	2 121
Podlaskie	14.1	16.5	19.9	20.0	14.10	17.16	22.33	24.58	1 173
Pomorskie	3.0	2.4	2.7	2.6	3.05	2.50	3.05	3.24	2 347
Śląskie	2.7	1.9	1.9	1.9	2.67	1.99	2.10	2.35	4 492
Świętokrzyskie	3.8	3.1	2.0	1.6	3.77	3.19	2.23	1.89	1 234
Warmińsko-mazurskie	7.4	7.7	7.5	7.3	7.44	8.04	8.36	8.98	1 423
Wielkopolskie	11.4	12.0	13.5	13.9	11.43	12.47	15.07	17.10	3 499
Zachodniopomorskie	1.9	1.5	1.3	1.2	1.92	1.51	1.50	1.41	1 688

数据来源：波兰农业统计年鉴。

表 4-5　2020 年波兰不同地区奶牛不同养殖规模存栏占比情况　　　　单位：%

地区	1~2 头	3~9 头	10~19 头	20~29 头	30~49 头	50~99 头	100~199 头	200 头以上
Dolnośląskie	3.3	9.7	15.4	13.0	14.0	9.5	4.4	30.8
Kujawsko-pomorskie	1.9	7.6	16.7	21.6	21.2	12.9	8.9	9.3
Lubelskie	9.2	15.8	28.7	14.4	15.7	10.9	3.1	2.2
Lubuskie	1.3	11.4	21.0	16.8	12.8	13.0	8.9	14.8
Łódzkie	3.6	12.2	19.4	20.2	23.5	13.5	5.9	1.9
Małopolskie	20.3	33.5	26.4	9.8	3.8	3.0	0.3	2.8
Mazowieckie	1.4	7.2	15.7	19.2	24.0	19.3	9.1	4.1
Opolskie	2.4	8.9	11.5	10.9	11.9	15.5	8.5	30.3
Podkarpackie	29.6	29.9	15.7	11.6	7.5	2.1	1.0	2.5
Podlaskie	0.6	5.9	16.1	18.4	28.4	22.8	6.3	1.5
Pomorskie	3.7	14.8	20.7	16.8	18.6	12.9	4.5	8.0
Śląskie	4.8	14.4	23.0	14.0	14.9	14.7	10.3	3.9
Świętokrzyskie	14.2	27.1	23.4	15.4	13.6	5.2	0.5	0.6
Warmińsko-mazurskie	1.2	8.1	15.3	21.0	25.3	16.9	6.3	6.0
Wielkopolskie	2.3	7.0	13.6	13.7	20.8	18.7	10.5	13.5
Zachodniopomorskie	1.3	7.8	17.6	13.7	14.4	6.9	5.3	33.0

数据来源：波兰饲养动物统计年鉴。

4.1.3　生鲜乳销售

（1）生鲜乳定价机制

波兰生鲜乳销售主要有两种方式，即送往加工厂加工、自食或销往当地市场。交加工厂处理的生鲜乳 70% 交由合作社性质的加工厂，30% 交由私营企业。2005—2015 年，交由加工厂的生鲜乳量逐年增加，但供应者的数量却在逐年下降，2015 年共有约 1.4 万个供应者将生鲜乳交由加工厂处理或直接销往当地市场。从图 4-6 可知，约有 14.8 万个占地面积在 10 公顷以上的牧场，这些牧场生产的生鲜乳基本不交加工厂处理，并且不参与任何商业活动。而随着奶农数量的降低，养殖规模不断扩大，生鲜乳交售量占生产量的比例也不断加大，由 2000 年的 53.8% 增加至 2019 年的 83.9%（图 4-7）。因此，下面仅讨论交加工厂处理的生鲜乳定价机制。

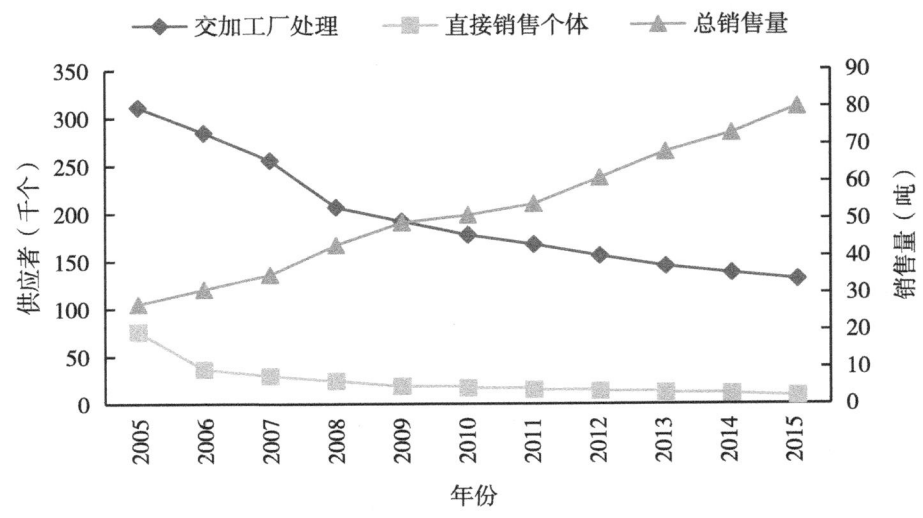

图 4-6 2005—2015 年波兰生鲜乳交售供应者情况

(数据来源:Quick Scan Polish Dairy Sector 2018)

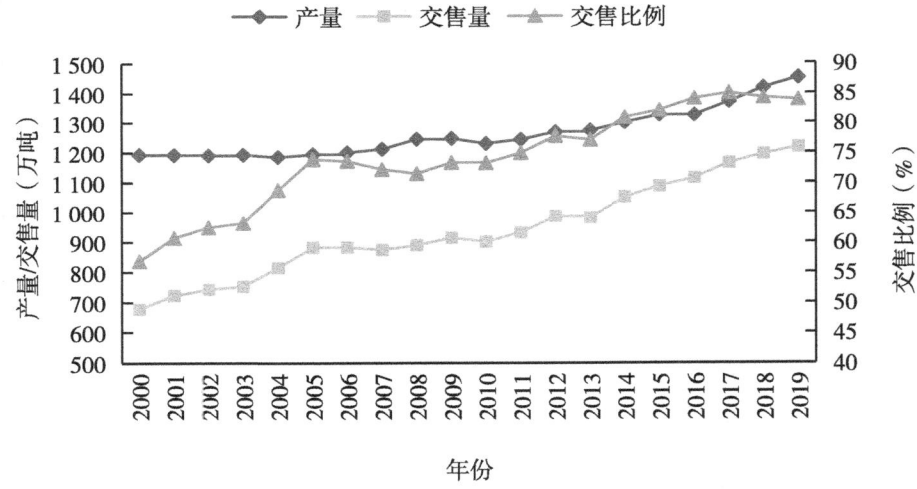

图 4-7 2000—2019 年波兰生鲜乳生产及交售情况

(数据来源:Eurostat)

生鲜乳价格由合作社管理委员会根据所交付牛奶的质量和合作社的财务状况每月确定一次,此外,价格中还包括年度自由裁量奖金。奶款会在下个月 20 日之前支付(Revoredo-Giha 等,2019)。波兰奶业合作社属于专业性的经营合作社,既负责收集会员奶农的牛奶,又负责将其加工成乳制品。而其他国家如美国奶业合作社专门负责采购,然后将牛奶卖给加工厂(Jesse 等,2015)。

就私营企业而言,奶农与私营企业通过签订合同的方式确定购销关系。为保护奶农免受牛奶价格波动的影响,确保牛奶交付数量和质量,波兰政府在2015年10月推出强制合同,该合同仅适用于生鲜乳销售。合同适用于任何季节及所有生鲜乳的购买方,只要具备合同的所有要素,那么既可以是电子合同,也可以是书面合同。合同没有规定最短期限,但需明确价格、数量、质量、期限、付款条件、不可抗力、验收和交货条件。合同双方若需终止合同,需提前6个月告知对方。但如果牛奶不符合质量要求,加工厂有权立即终止合同。生鲜乳脂肪和蛋白质含量检测采用抽检的方式,生鲜乳温度、微生物总数、体细胞数、抗生素/抑制物质、感官评估每次收奶时都要测定。加工厂不能强制奶农将所有生鲜乳交给加工厂,但可以在合同中规定交售量。如果在合同期内,加工厂发现奶农将合同生鲜乳卖给另一个买家,加工厂有权在发现当日终止合同。而且奶农必须按过去6个月交奶量的平均值赔付3个月的奶款给加工厂。奶价由市场决定,同时结合脂肪、蛋白质和细菌含量等因素。此外,价格中还包含质量奖励项及交奶量低于200升的扣减项(Revoredo-Giha等,2019)。

(2) 生鲜乳价格

与欧盟其他6个主要奶业生产国相比,波兰是一个低成本的乳制品生产国,这与其劳动密集型的小牧群生产有关。极小的圈舍设施,手工挤奶,放牧作为主要原料,再加上对劳动力机会成本估算非常低(Jesse等,2005),使得波兰的生鲜乳价格远低于欧盟其他主要牛奶生产国,其生鲜乳营养指标与意大利相当,处于最低水平(表4-6)。但自加入欧盟后,生鲜乳价格稳步上升,与欧盟其他国家的价格差异逐渐缩小(图4-8)。

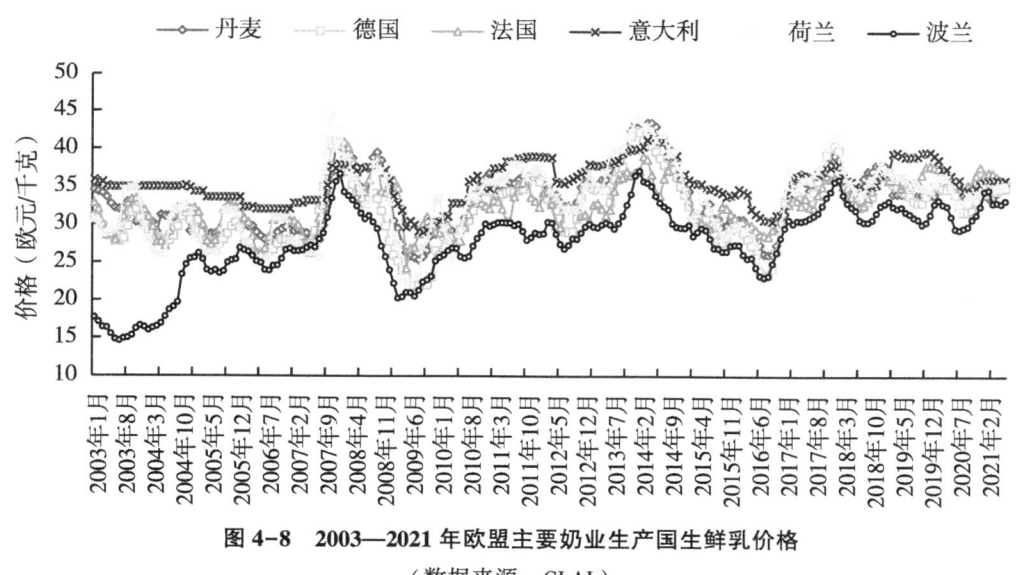

图4-8 2003—2021年欧盟主要奶业生产国生鲜乳价格

(数据来源:CLAL)

表 4-6 2015—2019 年欧盟 6 个主要牛奶生产国生鲜乳价格及营养指标对比

国家	指标	2015 年	2016 年	2017 年	2018 年	2019 年
波兰	生鲜乳价格（欧元/100 千克）	27.10	25.39	32.66	31.59	31.48
德国		29.59	27.20	35.10	34.72	33.70
法国		30.96	30.18	34.40	34.66	36.47
荷兰		34.63	30.59	38.28	36.22	35.87
意大利		38.23	37.04	40.03	39.75	42.62
英国		32.76	26.81	31.86	32.19	31.96
波兰	乳蛋白率（%）	3.23	—	3.27	3.26	3.26
德国		3.41	3.62	3.64	3.68	3.66
法国		3.39	3.36	3.43	3.38	3.46
荷兰		3.52	3.54	3.56	3.55	3.57
意大利		3.15	3.38	3.38	3.37	3.36
英国		3.33	3.33	3.31	3.32	3.36
波兰	乳脂率（%）	3.97	3.99	3.96	3.95	3.98
德国		4.09	4.12	4.09	4.06	4.13
法国		3.97	4.01	4.01	4.01	4.06
荷兰		4.38	4.40	4.37	4.37	4.42
意大利		3.54	3.79	3.81	3.71	3.65
英国		4.02	4.10	4.08	4.08	4.10

数据来源：Quick Scan Polish Dairy Sector 2020。

4.1.4 乳制品加工

4.1.4.1 乳制品加工企业

波兰的乳制品加工企业正在经历转型，向高水平的加工集中，合作社性质的企业数量减少，跨国企业投资的乳品企业在不断增多。2002 年，波兰共有 412 个乳制品加工厂，加工量约为 2 000 万升，排名前 10 的乳品企业年加工能力约占全国的 25%（Jesse 等，2015）。2017 年，波兰大约 165 个乳制品加工厂，排名前 10 的乳品企业加工能力约占全国的 60%（Revoredo-Giha 等，2019）。2019 年，波兰共有 163 个乳制品加工厂，排名前 20 的乳品企业销售收入占到全国乳制品行业销售收入的 75%，排名前 3 的乳品企业占到全国将近 40%。排名前 20 的企业中，合作社性质企业 14 家，私营企业性质 6 家，其中，2 家为本土企业，4 家为跨国集团企业（表 4-7）。

4 波兰奶业发展及与中国合作现状

表 4-7 2019 年波兰 20 强奶业企业销售情况

企业名称	性质	网址	销售收入（千欧元）	占比（%）
SMMlekovita	合作社	www.mlekovita.com.pl	1 214 094	15.02
SMMlekpol	合作社	www.mlekpol.com.pl	999 042	12.36
Grupa Polmlek	私营企业-波兰	www.polmlek.com	930 665	11.51
OSM Piątnica	合作社	www.piatnica.com.pl	308 816	3.82
Danone	私营企业-法国	www.danone.pl	295 838	3.66
OSMŁowicz	合作社	www.mleczarnia.lowicz.pl	277 571	3.43
Zott	私营企业-德国	www.zott-dairy.com/pl/	261 578	3.24
Lactalis	私营企业-法国	www.lactalis.pl	210 775	2.61
OSMSierpc	合作社	www.osm-sierpc.pl	159 277	1.97
OSM Koło	合作社	www.osmkolo.pl	157 821	1.95
Hochland	私营企业-德国	www.hochland.pl	152 454	1.89
Łumiko Łuków	私营企业-波兰	www.lumiko.com.pl	139 708	1.73
OSM Giżycko	合作社	www.osm-gizycko.com.pl	136 110	1.68
SMSpomlek	合作社	www.spomlek.pl	135 609	1.68
Bakoma	私营企业-波兰	www.bakoma.pl	129 173	1.60
OSM Włoszczowa	合作社	www.osmwloszczowa.com.pl	100 977	1.25
SMGostyń	合作社	www.smgostyn.pl	97 255	1.20
OSMRadomsko	合作社	www.osmradomsko.pl	87 250	1.08
OSMKrasnystaw	合作社	www.krasnystaw.eu	83 411	1.03
OSMRyki	合作社	www.smryki.pl	77 106	0.95
SM Mońki	合作社	www.msm-monki.pl	67 473	0.83

数据来源：Quick Scan Polish Dairy Sector 2020。

其国内的主要乳品加工企业如下。

（1）Mlekovita 集团

Mlekovita 集团成立于 1928 年，生产包括奶酪、牛奶饮料、黄油、奶油、嗜酸性牛奶、奶粉、冰淇淋、有机生物产品、无乳糖产品、健身和运动产品、零食和甜点等多种产品。2019 年销售额达 10 亿欧元。现拥有 21 个生产工厂的生产线、25 个实验室和研究中心；产品 1 000 个，业务遍及 167 个国家或地区，牛奶加工能力达 800 万升。目前向中国出口的产品主要包括灭菌乳、发酵乳、乳粉、黄油、稀奶油、炼乳、奶酪、乳清粉等。

（2）Polmlek 集团

Polmlek 集团成立于1990年，是波兰最大的民营乳业集团，拥有12家加工厂和3 000多名员工。Polmlek 集团联结了8 000余家奶牛养殖场，每天收购230万升牛奶。主要生产和销售片状及圆形融化奶酪、超高温杀菌奶、黄油等产品，主要出口地区以阿拉伯国家、亚洲和欧洲联盟国家为主。

（3）OSM w Piatnicy 合作社

OSM w Piatnicy 合作社是在波兰成长较快的一家现代化乳业公司，同时也是波兰第四大奶业合作社和世界最大的乡村奶酪生产厂家，具有50年的生产经验，主要生产乡村奶酪、奶油、乳酪、牛奶、酸奶、可菲尔、黄油和乳清粉等产品。2016年的营业收入达2.5亿欧元。该合作社制定了严格的产品内部标准，高于欧洲标准两倍。同时，为了保障产量质量安全，确保不使用含有转基因饲料牛奶进行生产。目前该合作社向中国出口的产品主要包括发酵乳、发酵风味乳、稀奶油及其他乳制品。

（4）Mlekpol 合作社

Mlekpol 是波兰最大的乳品合作社之一，拥有13个乳制品加工厂，9 000多名农民和2 800名员工，每天加工生鲜乳500万升，2020年生鲜乳加工量超过19.8亿升，占波兰生鲜乳总采购量的16.4%。Mlekpol 主要生产和出口的产品有超高温杀菌奶、咖啡用奶油、风味奶、酸奶油、黄油、奶酪（马斯丹奶酪、豪达奶酪、伊丹奶酪、莫萨里奶酪）、牛奶及乳清粉，其中超过30%的自有产品用于出口，出口市场包括中国、巴基斯坦、越南和印度尼西亚等国家和地区。

（5）Mleczarnia Lowicz 合作社

Mleczarnia Lowicz 成立于1906年，主要生产液态奶、奶油、黄油、奶酪、发酵产品、无乳糖产品、咖啡产品、奶粉产品等。Mleczarnia Lowicz 每年联结3 400个家庭农场，加工牛奶超过3.9亿升。产品种类将近300多种，主要包括高温杀菌奶、咖啡用奶油、黄油、甜乳清粉等其他乳制品，产品可出口到全球50多个国家。

4.1.4.2　乳制品加工结构

波兰加工的乳制品主要有液态奶、奶油、奶粉、黄油、奶酪、酸奶、酪蛋白等。其中奶酪的加工量最大，且占比逐年上升，从2000年的30.5%上升至2019年的35.4%。其次是液态奶，占比在2019年之后稳定在30%左右。奶粉产量排名第三，在2014年达到179.4万吨（折鲜）峰值后大幅下降，2015—2019年稳定在150万～160万吨。黄油产量排名第四，产量总体呈逐年增长趋势，由2000年的91.8万吨增长至2019年的156.6万吨（图4-9）。

4.1.5　乳制品消费

乳制品人均消费整体呈下降趋势。1990—2019年，波兰乳制品消费量从1990年的371升/（人·年）下降至2019年的267升/（人·年）（图4-10）。主要的消费

4 波兰奶业发展及与中国合作现状

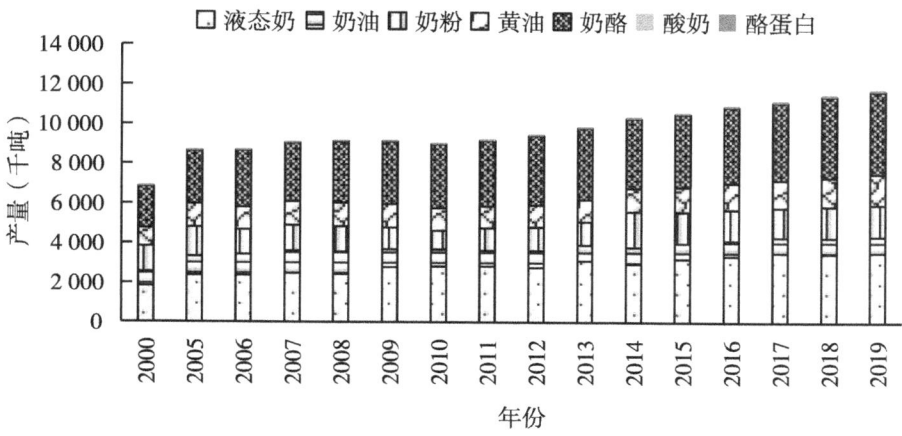

图 4-9　2000—2019 年波兰生产的主要乳制品产量变化情况

注：产量均为折鲜后产量。

（数据来源：波兰国家统计局）

品类包括液态奶、奶酪、酸奶、奶油和黄油。其中液态奶消费呈逐年下降趋势，从 2000 年的 64.68 升/（人·年）下降至 2019 年的 34.44 升/（人·年）。酸奶和奶酪的消费则呈逐年上升趋势，其中，奶酪消费从 2000 年的 9.96 千克/（人·年）增长至 2019 年的 10.68 千克/（人·年），大部分作为早餐食用；酸奶消费从 2000 年的 3.96 升/（人·年）增长至 2019 年的 6.48 升/（人·年）（图 4-11）。

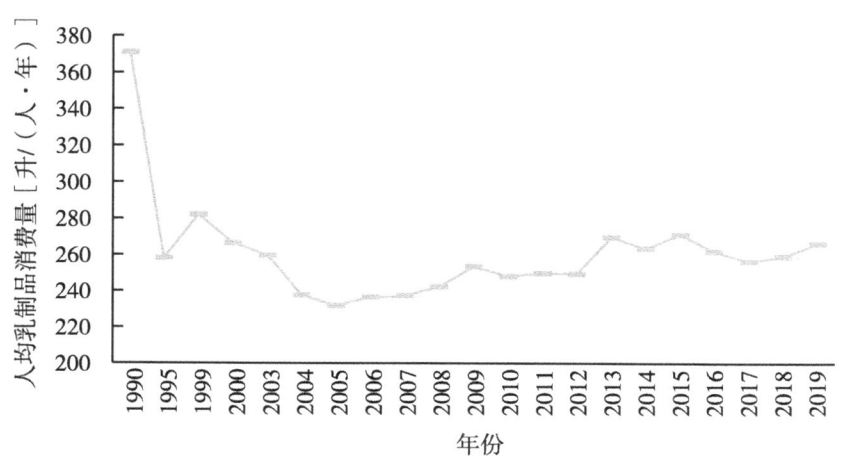

图 4-10　1990—2019 年波兰人均乳制品消费情况

（数据来源：波兰国家统计局）

· 73 ·

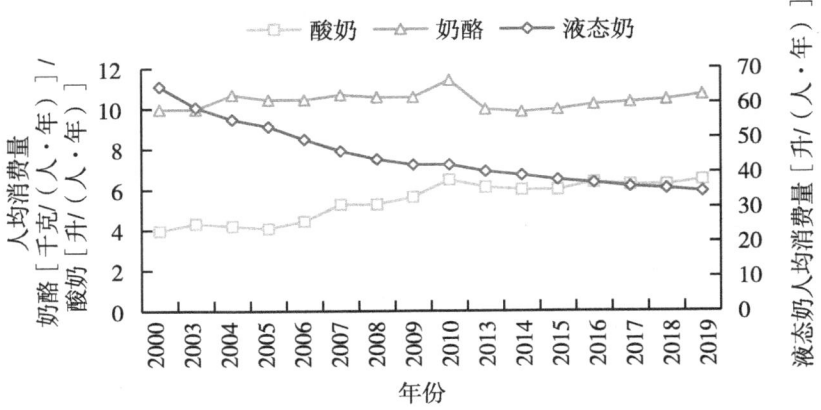

图 4-11 2000—2019 年波兰不同乳制品人均消费量情况

(数据来源：波兰国家统计局)

4.1.6 乳制品贸易

波兰乳制品贸易先后经历了多次大事件。其中对乳制品贸易起到促进作用的有 3 次，第一次是 1989 年，波兰由计划经济转变为市场经济，贸易制度的自由化和加工业的私有化，使得乳品部门受到来自国外更激烈的竞争，推动波兰出口商积极寻求海外市场（Dries 等，2004），乳制品净出口量缓慢增长（图 4-12）。第二次是 2004 年波兰正式成为欧盟成员国，与其他成员国之间不再有贸易关税壁垒，使得波兰乳制品在共同体间自由流动，随着越来越多的加工企业达到欧盟标准，出口欧盟的乳制品数

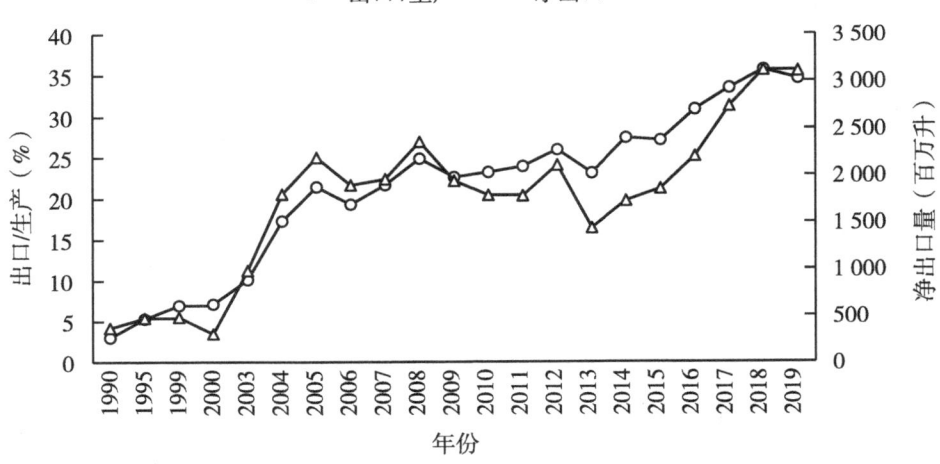

图 4-12 1990—2019 年波兰乳制品进出口情况

(数据来源：波兰国家统计局)

量也持续增长。第三次是2015年欧盟取消配额制。对乳制品贸易起到抑制作用的有2次,第一次是2008年全球金融危机。第二次是2014年开始,俄罗斯对欧盟产品,包括来自波兰的产品实行禁运。

波兰乳制品贸易一直呈顺差状态,欧盟是其主要贸易伙伴。2000年贸易顺差最低(131百万美元),2018年最高(1 600百万美元)。2000—2020年,波兰出口和进口均呈增长趋势,但出口增长明显快于进口(图4-13)。2004年加入欧盟后,欧盟成为波兰主要的乳制品进出口国,2020年出口欧盟乳制品贸易额占总贸易的64.9%,主要出口目的国包括德国(413百万美元,17.7%)、捷克(162百万美元,6.9%)、荷兰(111百万美元,4.7%)、英国(109百万美元,4.7%)、意大利(96百万美元,4.1%);进口来源国以欧盟为主,2020年进口额占99.6%,其中,德国占34.7%(表4-8)。

表4-8 2000—2019年波兰最大的乳制品进口国和出口国贸易额占比情况 单位:%

进口/出口	排名	2000年		2004年		2008年		2012年		2016年		2020年	
		国家	比例	国家	比例	国家	比例	国家	比例	国家	比例	国家	比例
出口	1	阿尔及利亚	16.9	德国	19.9	德国	25.5	德国	18.9	德国	19.8	德国	17.7
	2	墨西哥	12.9	荷兰	10.4	捷克	7.6	捷克	8.7	捷克	7.7	捷克	6.9
	3	捷克	6.9	捷克	7.5	荷兰	7.6	意大利	6.9	英国	5.8	中国	5.8
	4	荷兰	6.9	意大利	6.5	意大利	7.6	俄罗斯	6.2	荷兰	5.3	荷兰	4.7
	5	俄罗斯	5.5	俄罗斯	5.3	匈牙利	4.6	荷兰	6.1	意大利	5.3	英国	4.7
	6	德国	5.5	比利时	4.4	阿尔及利亚	4.2	斯洛伐克	4.4	罗马尼亚	4.0	意大利	4.1
进口	1	德国	32.3	德国	24.8	德国	47.9	德国	41.0	德国	33.4	德国	34.7
	2	捷克	16.3	法国	18.9	法国	13.1	荷兰	10.4	荷兰	13.2	立陶宛	11.9
	3	俄罗斯	10.3	荷兰	13.9	荷兰	6.1	法国	9.9	爱尔兰	12.0	荷兰	8.4
	4	法国	9.6	意大利	6.5	立陶宛	5.1	立陶宛	9.0	立陶宛	8.7	法国	6.9
	5	荷兰	7.9	立陶宛	6.4	捷克	4.9	爱尔兰	7.4	捷克	5.5	意大利	5.9
	6	白俄罗斯	4.9	丹麦	6.2	丹麦	4.9	丹麦	5.0	法国	5.4	英国	5.9

波兰乳制品出口以低价值的乳制品为主,进口以高价值的乳制品为主。如2020年波兰与德国乳制品贸易中,波兰出口的乳制品以价值较低的鲜奶为主,进口则以价值较高的奶酪为主,且同类产品进口单价明显高于出口单价,除了鲜奶和脱脂乳粉,其他产品均呈现贸易逆差状态(表4-9)。可能原因是波兰的乳制品成本较低,不一定是质量原因(Kowalska等,2019)。

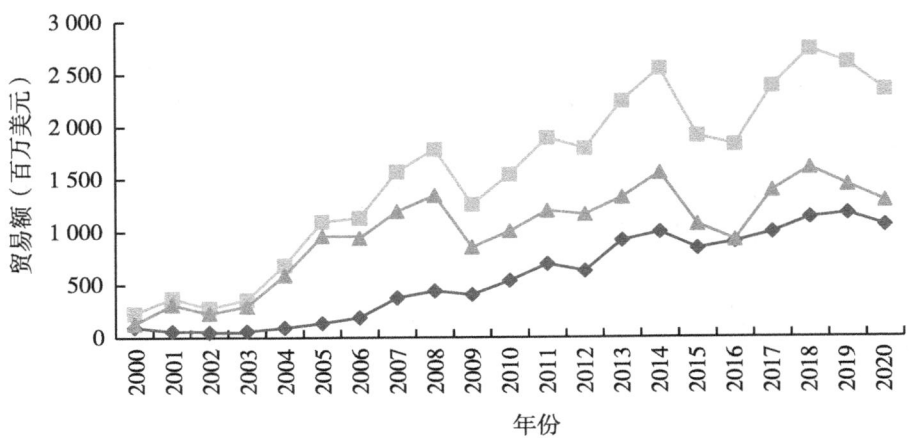

图 4-13　2000—2019 年波兰乳制品贸易额变化情况

（数据来源：联合国商品贸易统计数据库）

表 4-9　2020 年波兰对德国乳制品贸易情况

乳制品类型	单价（美元/千克）		占比（%）		贸易顺差（万美元）
	进口	出口	进口	出口	
鲜奶	1.04	0.47	12.00	55.65	-186
脱脂乳粉	2.12	2.28	12.70	1.85	39
全脂乳粉	3.29	2.37	5.00	7.06	-11
炼乳	0.90	0.58	6.80	0.97	21
酸奶	1.49	1.12	8.20	2.88	18
乳清	0.85	0.45	3.90	3.11	1
黄油	4.49	3.55	7.10	3.37	12
奶酪	3.64	2.70	44.30	25.10	58

低价值乳制品产品主要出口亚洲及非洲地区，高价值产品主要出口欧盟地区。从不同乳制品出口量排名前 5 的国家可以看出，2015—2019 年，鲜奶、奶粉、乳清等低价值乳制品亚洲及非洲国家进口份额逐渐加大，而酸奶、奶油、奶酪、炼乳等高价值产品的出口主要是欧盟国家（表 4-10）。

表 4-10　2015—2019 年波兰各类乳制品前 5 位出口国家与地区　　　　单位：%

产品	2015年 国家	比重	2016年 国家	比重	2017年 国家	比重	2018年 国家	比重	2019年 国家	比重
鲜奶	德国	59.6	德国	53.0	德国	65.6	德国	68.0	德国	61.1
	白俄罗斯	10.8	白俄罗斯	17.4	南非	6.3	立陶宛	5.4	中国	10.3
	英国	3.6	英国	4.7	英国	4.3	中国	4.9	立陶宛	4.1
	罗马尼亚	3.5	立陶宛	3.6	立陶宛	3.8	英国	3.5	意大利	2.5
	南非	3.1	罗马尼亚	3.0	中国	3.7	拉脱维亚	1.9	英国	2.5
奶粉	德国	16.3	阿尔及利亚	15.1	阿尔及利亚	22.9	阿尔及利亚	27.3	阿尔及利亚	13.3
	阿尔及利亚	14.0	德国	14.3	德国	10.9	德国	9.1	德国	12.6
	荷兰	8.0	荷兰	8.0	意大利	6.5	荷兰	7.6	意大利	5.6
	意大利	5.8	意大利	7.3	土耳其	5.2	意大利	5.4	也门	4.1
	土耳其	5.0	土耳其	5.0	越南	5.2	越南	4.0	爱尔兰	3.9
酸奶	英国	13.3	英国	17.3	英国	17.2	英国	15.2	英国	15.1
	匈牙利	12.7	匈牙利	10.4	捷克	10.6	匈牙利	10.1	匈牙利	11.1
	捷克	9.9	捷克	9.8	匈牙利	9.0	捷克	10.1	立陶宛	9.8
	罗马尼亚	9.5	罗马尼亚	9.6	罗马尼亚	8.3	立陶宛	9.0	德国	8.3
	德国	8.2	德国	9.5	立陶宛	8.2	西班牙	8.7	捷克	8.0
乳清	德国	27.8	德国	20.2	荷兰	19.5	荷兰	25.3	荷兰	22.4
	荷兰	13.8	荷兰	17.9	德国	16.1	中国	14.8	中国	14.7
	中国	13.3	中国	12.5	中国	14.7	德国	14.0	德国	13.4
	印度尼西亚	7.5	印度尼西亚	8.6	印度尼西亚	7.9	印度尼西亚	7.7	印度尼西亚	9.0
	马来西亚	5.2	越南	7.1	马来西亚	4.8	马来西亚	5.7	马来西亚	4.7
奶油	德国	15.3	德国	17.9	德国	18.2	荷兰	20.6	捷克	19.7
	捷克	15.1	捷克	13.6	荷兰	17.5	捷克	16.2	德国	11.1
	斯洛伐克	12.0	斯洛伐克	11.6	捷克	12.1	斯洛伐克	14.9	荷兰	9.9
	荷兰	11.8	罗马尼亚	10.2	斯洛伐克	8.6	法国	9.2	斯洛伐克	8.4
	罗马尼亚	8.2	荷兰	8.6	法国	7.6	斯洛伐克	7.7	罗马尼亚	8.2
奶酪	德国	14.0	德国	15.8	德国	15.0	德国	15.5	德国	17.0
	捷克	11.6	捷克	12.4	捷克	10.6	捷克	11.9	捷克	11.8
	意大利	7.6	意大利	7.1	意大利	7.7	意大利	8.1	意大利	8.8
	斯洛伐克	6.0	斯洛伐克	6.2	斯洛伐克	6.4	斯洛伐克	6.2	斯洛伐克	6.6
	英国	5.4	英国	6.1	英国	6.1	英国	5.9	英国	6.0
炼乳	德国	26.6	德国	35.2	荷兰	21.8	德国	49.5	德国	52.4
	克罗地亚	15.8	荷兰	18.0	英国	6.3	英国	14.5	立陶宛	13.5
	捷克	14.6	英国	10.3	爱尔兰	3.7	立陶宛	8.7	英国	9.9
	荷兰	11.1	希腊	6.5	保加利亚	3.1	荷兰	4.4	荷兰	4.5
	英国	10.8	立陶宛	6.3	斯洛伐克	2.9	意大利	3.7	希腊	4.0

数据来源：根据联合国商品贸易数据库测算。

4.2 中国与波兰奶业合作现状

4.2.1 乳制品贸易

乳制品进口贸易额不断扩大。中波乳制品贸易为单边贸易，2000—2020年，中国与波兰之间的乳制品贸易额从1.3百万美元增长至133.8百万美元，中国已成为波兰乳制品出口增长最快的市场，中国进口波兰乳制品贸易额占波兰总贸易额比例从0.44%增长至5.76%，占中国乳制品总进口额的比例从0.51%增长至2.01%（图4-14）。

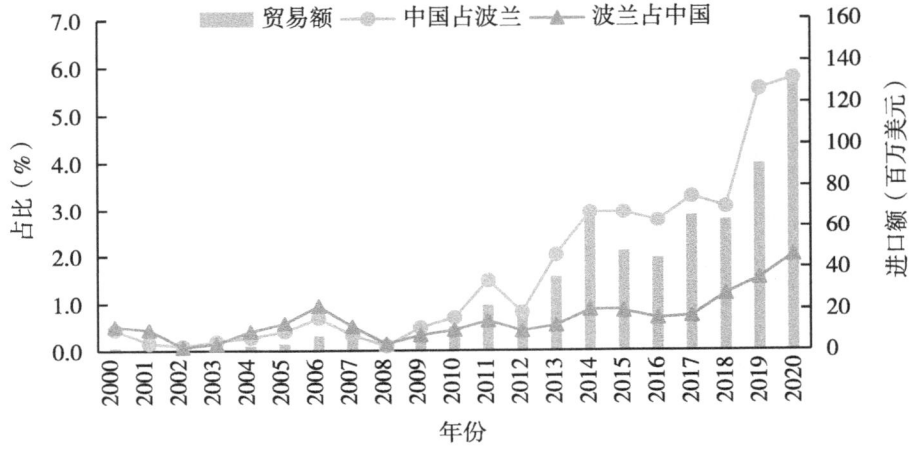

图4-14 2000—2020年中国从波兰进口乳制品情况

注：中国占波兰指中国进口波兰乳制品贸易额占波兰总贸易额比例，波兰占中国指中国进口波兰乳制品贸易额占中国乳制品总进口额的比例。

（数据来源：联合国商品贸易统计数据库）

中国从波兰进口乳制品趋向于多元化。2013年之前，中国从波兰进口的乳制品以奶粉和乳清为主。2013年之后各种乳制品均有进口，尤其是鲜奶和奶酪增长迅猛，2013—2020年分别增长了34倍和10倍。得益于中国经济率先复苏和中欧班列的稳定运营，2020年中国从波兰进口鲜奶、乳清和奶酪的量分别同比增长42.7%、89.7%和78.7%（表4-11）。

表 4-11 2001—2020 年波兰对中国乳制品品类出口情况　　　　　　单位：吨

年份	鲜奶	奶粉	炼乳	酸奶	乳清	奶油	奶酪
2001	—	150.0	—	—	494.0	—	—
2002	—	—	—	—	457.8	—	—
2003	—	139.0	—	—	980.4	—	—
2004	—	373.0	—	—	2 328.4	—	—
2005	—	150.0	—	—	4 832.0	50.0	—
2006	—	0.0	—	—	7 232.0	—	—
2007	—	200.1	—	—	2 654.0	—	4.1
2008	—	50.1	—	—	1 559.0	—	8.4
2009	—	718.7	—	—	5 744.0	—	5.8
2010	—	31.5	—	—	8 653.9	—	144.2
2011	—	737.0	—	0.1	16 508.9	—	19.0
2012	376.2	440.6	—	—	8 056.6	—	0.2
2013	3 396.0	2 536.8	123.0	68.6	17 702.0	—	24.2
2014	7 612.9	7 458.5	123.3	78.1	17 754.5	200.0	86.1
2015	14 018.5	2 622.1	23.2	139.4	30 947.0	—	171.4
2016	17 780.5	3 459.8	38.0	338.7	27 195.6	—	136.7
2017	21 596.7	5 269.2	266.6	1 059.9	30 645.5	—	173.5
2018	32 952.9	5 746.0	245.0	856.6	32 348.6	—	174.9
2019	85 109.9	7 389.0	421.4	191.0	30 400.7	—	149.5
2020	121 504.1	7 810.3	8.3	56.9	57 656.9	6.6	267.2

数据来源：联合国商品贸易统计数据库。

4.2.2 政企合作

波兰于 1949 年 10 月 7 日与中国建交，是最早承认并与中华人民共和国建交的国家之一。2015 年，波兰与中国签署了共同支持"一带一路"倡议的备忘录，是最早同中国签署"一带一路"合作文件的国家之一。

近年来，波兰牛奶商会把提高波兰乳制品在中国市场的知名度作为优先事项之一。每年组织波兰乳制品生产商参加中国国际食品和饮料展览会、世界食品博览会（深圳）等重要食品博览会，组织波兰企业赴华贸易访问，安排中国企业和博客作者赴波兰考察，开展多种推广活动，增加波兰牛奶品牌在中国市场的知名度，提高中国消费者的认可度。波兰也在不断拓宽中国市场的销售渠道，由线下为主逐步向线下线上双向发展。2017 年 12 月，中国电子商务平台前海中东欧贸易（深圳）有限公司与波兰农业支持中心进行了对接，双方就利用电商平台向中国销售农产品事宜确立了合作意向。

4.3 合作展望

一是借助"一带一路"倡议，加强对波兰奶业方面的投资。无论是养殖还是加工，波兰奶业均以中小规模为主，近年来一直处于转型升级中。一方面，国内机械设备企业应抓住此机遇，加强各类养殖加工机械在波兰的推广力度。另一方面，国内乳品企业应积极利用波兰政府制定的农业和食品加工等领域外商投资的优先支持与优惠政策，通过直接投资、并购、参股、合作等方式积极在波兰布局乳品加工，借助波兰现有企业的销售渠道及其地理区位优势，拓展提升自有品牌在波兰甚至欧盟的销售市场及影响力。

二是借助中欧班列，扩大乳制品贸易。波兰素有欧洲"十字路口"之称，是连接欧亚市场的重要枢纽，大量人员往来、货物贸易经此中转，近 90% 中欧班列通过或抵达波兰。应利用波兰乳品低价优势，抓住波兰乳制品市场过分依赖欧盟市场的特点，加大各种乳制品尤其是奶粉和乳清的进口力度，减少对新西兰、美国乳制品的进口依赖。

三是充分借鉴波兰强制合同模式。建议国内乳品企业与奶农在订立生鲜乳购销合同时，参照波兰政府推出的强制合同，除了规定收购量，还应规定收购价格，明确不履行合同的惩罚措施。通过规定收购价，给予奶农稳定的收益，让奶农能专注于养殖。对于不遵守合同，私自更换交奶企业的奶农，加大处罚力度，提高合同遵循度。同时，随着国内奶牛养殖规模的提高，以及全株玉米和苜蓿在奶牛日粮中的普及，极大提高了生鲜乳的乳脂率和乳蛋白率，建议针对生鲜乳营养指标如乳蛋白率、乳脂率采用抽检的方式，而针对卫生指标如体细胞数、细菌总数、抗生素等批批检。这种抽检加批批检相结合的方式，可以降低乳品企业检测的成本。

参考文献

DRIES L and SWINNEN J F M, 2004. Foreign direct investment, vertical integration, and local suppliers: evidence from the Polish dairy sector. World Development (Oxford)32(9):1525-1544.

JESSE E V, BISHOP J R, DOBSON W D, et al., 2005. The dairy sector of Poland: a country study. Discussion Papers 37465, University of Wisconsin-Madison, Babcock Institute for International Dairy Research and Development.

KOWALSKA A, OLSZAŃSKA A, NABIAŁEK P, 2019.Production and external trade of dairy products in Poland.Conference：International Business Information Management Association Conference(IBIMA)Granada, Spain.

REVOREDO-GIHA C, CLAYTON P, COSTA-FONT M, et al., 2019. The impact of mandatory written dairy contracts in European countries and their potential application in Scotland.Scottish Government Social Research.

SOBCZYNSKI, T, KLEPACKA A M, REVOREDO-GIHA C, et al., 2015. Dairy farm cost efficiency in leading milk-producing regions in Poland. J. Dairy Sci. 98 (12):8294-8307.

5 乌拉圭奶业发展及与中国合作现状

摘　要：乌拉圭牛奶生产在畜牧业中占有重要地位，牛奶生产的产值占到畜牧业总产值的20%以上。在国际上，乌拉圭也是重要的牛奶生产国和乳制品出口国。乌拉圭所产牛奶70%以上用于出口，其饲养牛的方式主要为草饲，且有国际公认的优质奶牛品种。本文对乌拉圭的奶业生产、牛奶消费、奶业贸易等进行梳理和分析，发现乌拉圭通过健全的联合育种机构和较为完备的育种体系保障了优质的奶牛品种；用75%的农业用地饲养牲畜，使得乌拉圭的奶牛全部为草饲喂养，保证了牛奶享誉国际的优良品质；乌拉圭的牛奶出口到全球60多个国家，奶业贸易繁盛。

关键词：乌拉圭；奶业；育种；贸易

乌拉圭位于南美洲东南部乌拉圭河东岸，东北与巴西接壤，西南和阿根廷为邻，东南濒临大西洋，是南美洲最小的国家。乌拉圭国土面积为17.6万平方千米，主要河流有拉普拉塔河、乌拉圭河和内格罗河，拉普拉塔河可供海轮航行，直通欧洲和北美。乌拉圭拥有人口350.6万人，其中白人占91%，印第安人占4.9%。首都蒙得维的亚（Montevideo）面积530平方千米，人口138.2万人，全国共分19个行政区域（省）。

乌拉圭地处南美温带气候带的南部，1—3月为夏季，气温17~28℃，7—9月为冬季，气温6~14℃，年降水量由南至北从950毫米递增到1 250毫米。乌拉圭农牧业发达，是世界重要的羊毛、肉类、皮革和稻米出口国。农业用地占国土面积的90%，其中80%是草地和牧场。畜牧业以牛、羊为主，得益于优良的天然条件与生产效率，存栏较为稳定，乌拉圭奶牛疫病净化工作较为出色，且生鲜乳价格在全世界具有较强竞争力。乌拉圭是国际上重要的生鲜乳生产国和乳制品出口国，是拉丁美洲人均占有量最大的生鲜乳生产国。乌拉圭用全国5%的土地进行生鲜乳生产，2020年，生鲜乳年产量达22亿升。种牛和乳制品出口贸易繁盛，在世界上享有较好声誉，乳制品出口到全球60多个国家，是世界第七大乳制品出口国，中国是主要乳制品出口目的地之一。近些年，中国也开始从乌拉圭进口种牛。为此，对乌拉圭奶业发展情况进行研究和梳理，有助于对我国奶业发展提供有利参考。

5.1 乌拉圭奶业基本情况

5.1.1 奶牛养殖情况

生鲜乳产量总体逐步增加。近年来，由于牧场存栏规模、成母牛单产及泌乳牛与干奶牛比例的不断上升，乌拉圭生鲜乳产量总体呈增加趋势。2006—2019年，生鲜乳产量以年均1.78%的速度增长，从17.41亿升增长至2019年的21.91亿升。存栏量从160万头增加至222万头，增加了62万头；成母牛单产从4.38吨/头增加至5.10吨/头，增加了0.72吨/头；泌乳牛与干奶牛比例从2.34增长到2.94（图5-1）。

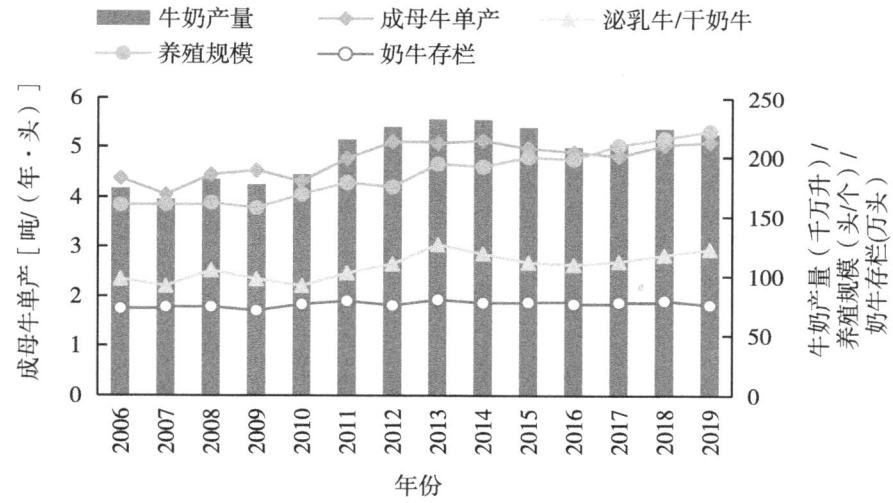

图5-1 2006—2019年乌拉圭奶牛养殖情况变化
（数据来源：乌拉圭奶业统计年鉴、乌拉圭农业统计年鉴）

存栏的稳定依赖于牧场规模的不断扩大。从牧场数量变化情况看，乌拉圭奶牛养殖场数量呈逐年下降趋势，2006年到2019年，由4 546家下降到3 423家，下降了24.7%。其中，占地50公顷以下及50~199公顷的牧场数量下降幅度最大，分别下降了38.6%和21.9%，各减少500个左右；200~499公顷的牧场下降了13.1%，减少了将近100个；500公顷以上的牧场在2016年降至300个以下；其他规模的牧场在大部分年份稳定在340个左右（图5-2）。200公顷以下养殖场数量下降幅度较大，正好印证了乌拉圭家庭牧场逐步退出的情况，据了解，家庭牧场和小型牧场减少的主要原因有以下几点，一是越来越多的投资者投资建设大型牧场，家庭牧场和小型牧场逐步被替代；二是对养殖技术、管理水平的要求不断提升，倒逼家庭牧场和小规模牧场退出；三是家庭牧场的继承者对农业生产的兴趣渐渐淡化，转而从事其他行业。

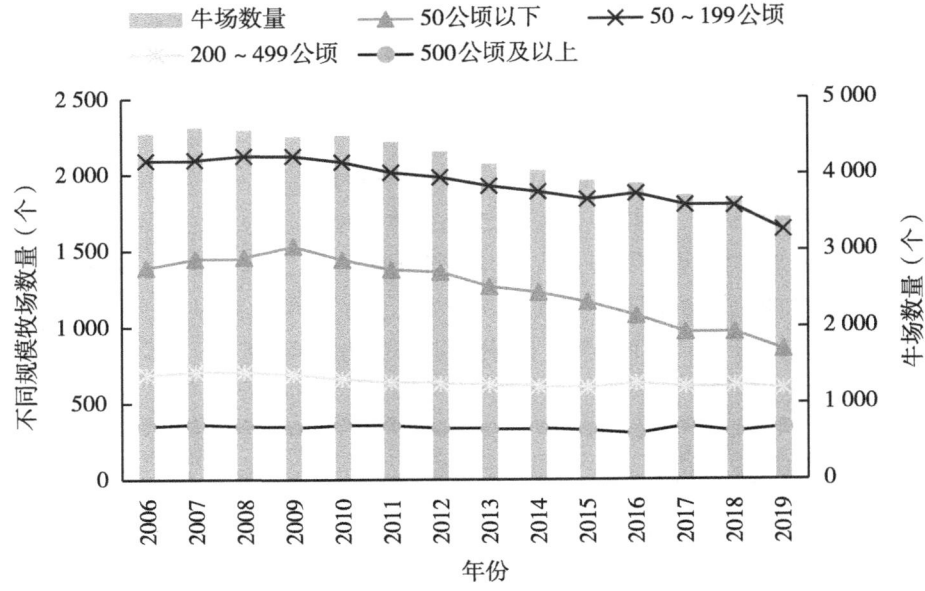

图 5-2　2006—2019 年乌拉圭 200 公顷以下牧场数量逐步减少

（数据来源：乌拉圭奶业统计年鉴、乌拉圭农业统计年鉴）

5.1.2　奶牛养殖区域布局

乌拉圭奶牛养殖主要集中在草地及草场资源较丰富的地区。乌拉圭奶牛养殖主要以放牧为主，主要的奶牛养殖区域同时也是草地及草场资源富集地区，即 Florida、San José 和 Colonia 三个地区。2019 年，三个地区奶牛养殖场、奶牛存栏、牛奶产量和牧场面积分别为 2 176 个、50 万头、143 万升和 45 万公顷，分别占全国的 63.6%、66%、65.8%、59.2%。三个地区的草场及饲料地、改良施肥田面积也位列全国前三名，三个地区累计 30.8 万公顷，占全国总面积的 67.3%（表 5-1）。

奶牛产奶量和牧场存栏规模之间没有严格关联。乌拉圭 Durazno 是牧场平均存栏、单产以及单位牧场面积牛奶产量最高的地区，分别为 1 345 头、29.7 升/天和 5 607 升/公顷，是乌拉圭生产率最高的地区。Florida 地区拥有乌拉圭最多的奶牛存栏，其牧场存栏规模为 378 头外，其余主要奶牛养殖地区的牧场存栏多数为 100~300 头。乌拉圭泌乳牛单产平均水平为 18.5 升/天，除 Durazno 和 Florida 地区外，还有 Maldonado、Rio Negro、Treinta y Tres 3 个地区的平均产奶量高于全国平均水平，分别为 20.8 升/天、20.2 升/天、19.2 升/天，而这 3 个地区的牧场存栏规模分别为 143 头、247 头、108 头。可见，奶牛产奶量不会严格按照存栏规模的大小而变化，也不取决于牧场拥有草场的面积大小，奶牛产奶量主要取决于养殖技术和管理水平。

表 5-1 乌拉圭不同省奶牛生产情况

地区	牛场数量（个）	牧场面积（公顷）	奶牛存栏数（头）	牛奶产量（千升）	牧场规模（头/个）	草场、饲料地、改良施肥田面积（公顷）	泌乳牛单产（升/天）	单位牧场面积产量（升/公顷）
Artigas	13	1 163	470	265	36	85	3.2	228
Canelones	298	40 029	42 150	114 470	141	25 665	17.9	2 860
Cerro Largo	55	19 104	6 412	7 471	117	4 400	12.3	391
Colonia	711	131 843	142 133	385~486	200	91 101	17.8	2 924
Durazno	34	26 993	45 745	151 341	1 345	7 529	29.7	5 607
Flores	102	15 728	19 575	55 931	192	9 767	16.9	3 556
Florida	500	169 093	189 118	569 477	378	113 057	18.6	3 368
Lavalleja	43	14 321	11 467	36 566	267	6 885	18.1	2 553
Maldonado	35	7 542	5 009	12 225	143	3 636	20.8	1 621
Montevideo	3	92	80	171	27	67	14.7	1 860
Paysandú	124	37 841	19 305	52 784	156	16 522	17.3	1 395
Rio Negro	146	43 843	35 991	121 655	247	22 153	20.2	2 775
Rivera	17	4 883	2 353	5743	138	1 139	16.6	1 176
Rocha	60	26 606	17 931	45 474	299	16 121	18.1	1 709
Salto	52	14 945	9 329	22 192	179	5 965	16.9	1 485
SanJosé	965	149 907	169 620	472 024	176	103 729	17.7	3 149
Soriano	216	42 283	35 532	103 178	165	25 204	18.3	2 440
Tacuarembó	36	13 093	5 504	7 169	153	3 303	9.1	548
Treinta y Tres	13	2 241	1 399	4 135	108	931	19.2	1 845
合计	3 423	761 550	759 123	2 167 759	222	457 259	18.5	2 847

数据来源：乌拉圭奶业统计年鉴。

5.1.3 奶牛育种情况

完善的育种体系保障了较强的牛奶生产力。乌拉圭80%以上的奶牛为美国或加拿大血统，由多个机构相互协作进行奶牛遗传性状评估。荷斯坦牛育种协会（Sociedad Criadores de Holando Uruguay，SCHU）主要进行奶牛的选择和登记，出口检验以及展览组织等工作，向乌拉圭的生鲜乳生产者提供荷斯坦奶牛，并使该品种能够得到好的遗传发展。乌拉圭农村协会（Asoxiacion Rural del Uruguay）主要由农业生产者组成，并根据不同产业下设了协会，主要接收乌拉圭注册谱系动物的家谱信息，从而了解所有已注册动物的起源和家谱，并通过非常严格的控制方法来确保其准确性。该协会拥有包括奶牛在内的所有农业品种的数据库，从而促进乌拉圭生产者在遗传改良方面获得世界一流的先进技术，为奶牛品种的改良工作奠定了扎实的基础。牛奶改良与控制研究院（Instituto Nacional para el Mejoramientoy Control Lechero Uruguayo）主要进行畜群的遗传测试，以报告每头牛的遗传潜力，为养殖者提供每头牛在生鲜乳及其脂肪含量和蛋白质含量等生产指标方面的遗传价值，并淘汰生产力较低的奶牛，可根据奶牛的等级和潜力及其产奶、脂肪含量和蛋白质含量的遗传潜力，选择并策略性地使用公牛。国家农业科学研究所（Instituto Nacional de Investigación Agropecuaria，INIA）主要负责制定和执行农业研究计划，旨在产生技术并且使其适应乌拉圭的农业生产和社会经济，通过自身活动或与其他研究计划的有效协调以及在公共或私人层面上进行的农业技术转让，参与农业领域的国家科学技术遗产的开发。该研究所设有农业技术协调委员会，由畜牧、农业和渔业部部长、教育和文化部部长、工业和能源部部长、农学学院院长、兽医学院院长以及该学院的代表组成，主要任务是协调在该国推广农业技术，以便有效利用现有的人力、物力和经济资源，根据需求提出有关农业问题的研究方向，合作传播农业研究组织获得的科学成果和技术等。

经济价值为奶牛育种的主要评价指标。在稳固的育种体系基础上，乌拉圭的奶牛育种目标经历了不断变化和改进的过程，从而得到了现今良好的生产性状。1994年开始，乌拉圭奶牛育种注重生鲜乳的产量；到2003年，在注重产量的基础上同时看重生鲜乳的质量，主要是乳蛋白和乳脂肪的含量；2004年，采用了线性评估法对奶牛进行评估；到2012年，采用了IEP（Índice Económico de Producción）并结合国际上其他的遗传评估方法，进行奶牛评价；直到2016年，乌拉圭将IEP指数进行了更新，纳入了生育指标，并一直沿用下来，每头牛的经济价值成为其遗传性能优劣的评价指标，从而能够筛选出具有最大化盈利能力的奶牛。

5.1.4 生鲜乳价格和品质

生鲜乳年均价格呈上升趋势。近五年，乌拉圭生鲜乳年均价格逐年上升（图5-3），2020年年均价格为12.53比索/升，同比上升17.3%，比2016年上升48.6%。生鲜乳价格的逐年攀升，一部分原因在于奶牛养殖成本上升，另一部分原因是由于牧场数量下降导致奶源竞争加剧。

据乌拉圭国家农业科学研究所（INIA）数据，2019年生鲜乳生产投入要素，除运输费用下降7%外，其余投入要素，如租赁费用、动物保健费用、设备维护、人力

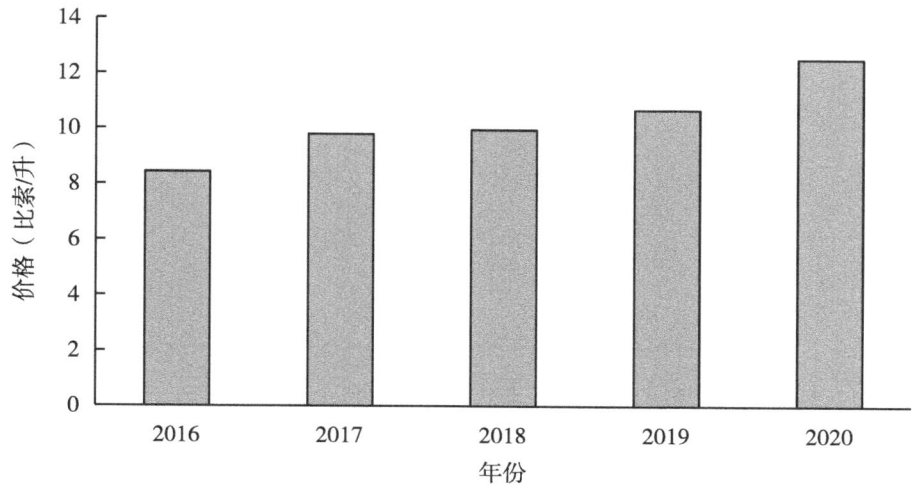

图 5-3　2016—2019 年生鲜乳价格走势情况
（数据来源：CLAL）

劳务等所有成本均呈现上涨，其中机械和设备维护成本上涨幅度最大。

生鲜乳营养品质较高。2019 年乌拉圭生鲜乳中乳蛋白含量为 3.4%，乳脂肪含量为 3.8%，均高于美国和我国设定的标准，与我国较高水平牧场相当（中国农垦乳业联盟标杆牧场平均乳蛋白含量 3.3%，平均乳脂肪含量 3.9%）。2019 年，其高质量（体细胞数小于 40 万个/毫升，细菌总数小于 10 万 CFU/毫升）生鲜乳的比例为 82%，近几年一直保持在 80% 以上。

5.1.5　乳制品加工

奶粉加工量最大。从 2012 年开始乌拉圭的生鲜乳加工量一直保持在 20 亿升上下，2019 年生鲜乳加工量为 19.7 亿升（图 5-4）。加工的乳制品主要有奶粉、奶酪、液态奶、黄油、乳清粉等（图 5-5）。其中，奶粉、黄油和乳清粉主要用于出口，液态奶和酸奶主要供应国内市场，液态奶中主要的产品是巴氏杀菌奶，占 60.0% 以上（图 5-6）。

乳制品加工企业一家独大。乌拉圭排名前 5 的乳品企业分别为 Conaprole、Estancias Del Lago、Alimentos Fray Bentos、Indulacsa、Claldy，排名前三的乳品企业累计加工了乌拉圭 84% 的生鲜乳，其中，排名第一的乳品企业 Conaprole（科拿乳业）的加工量就占所有乳品企业加工量的 70%，其次为 Estancias Del Lago（埃斯坦西亚斯德尔拉戈乳业），加工量仅占 7.0%，与科拿乳业加工实力相差悬殊（图 5-7）。

科拿乳业是乌拉圭最重要的也是最大的乳品企业，成立于 1936 年，由 2 000 多户

---

* 生鲜乳的生产成本是由乌拉圭国家农业科学研究所（INIA），根据调查制定的平均成本模型计算得来，其中包括了 15 项生产成本。

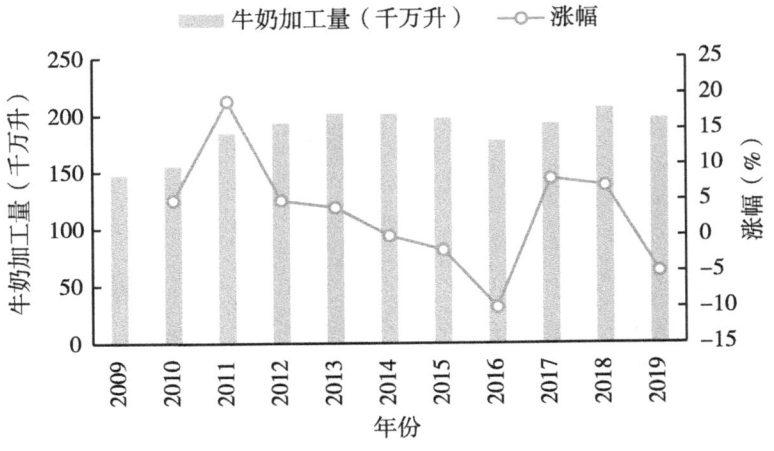

图 5-4 2009—2019 年牛奶加工量

(数据来源：2019 年乌拉圭奶业统计年鉴)

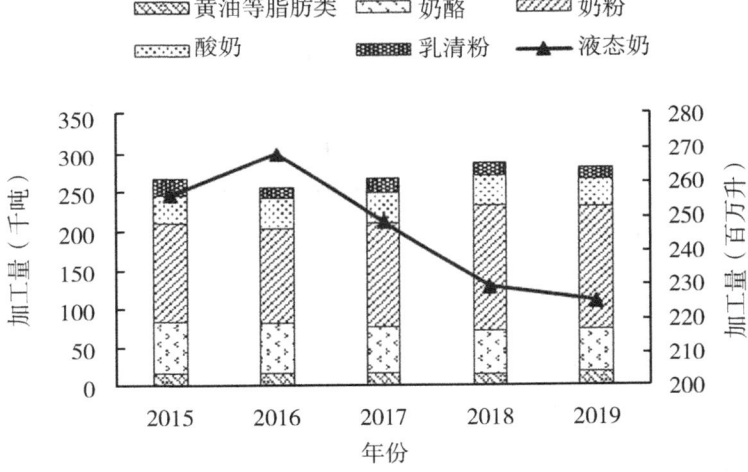

图 5-5 2015—2019 年主要乳制品加工量（未折鲜）

(数据来源：MGAP-DIEA)

奶农组成的奶业合作社。在奶牛养殖方面，科拿乳业坚持草饲认证，80%以上的牧场均经过了草饲认证，奶牛在天然草场上养殖。科拿乳业在乌拉圭拥有 8 家工厂，生产包括牛奶、酸奶、奶酪、黄油、奶粉、乳清等 300 余种产品，占有乌拉圭当地 85% 的乳制品市场，2019 年企业营收 74.2 亿美元。在乳制品出口方面，科拿乳业是南美最大的乳制品出口商，2019 年出口到全球 53 个国家，出口量近 16 万吨。

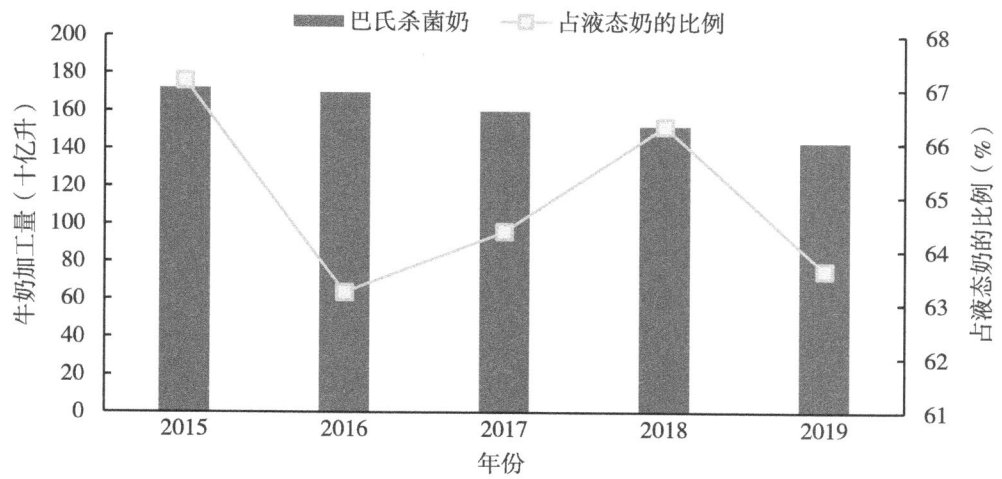

图 5-6 乌拉圭液态奶加工量以及巴氏杀菌奶所占百分比

（数据来源：MGAP-DIEA）

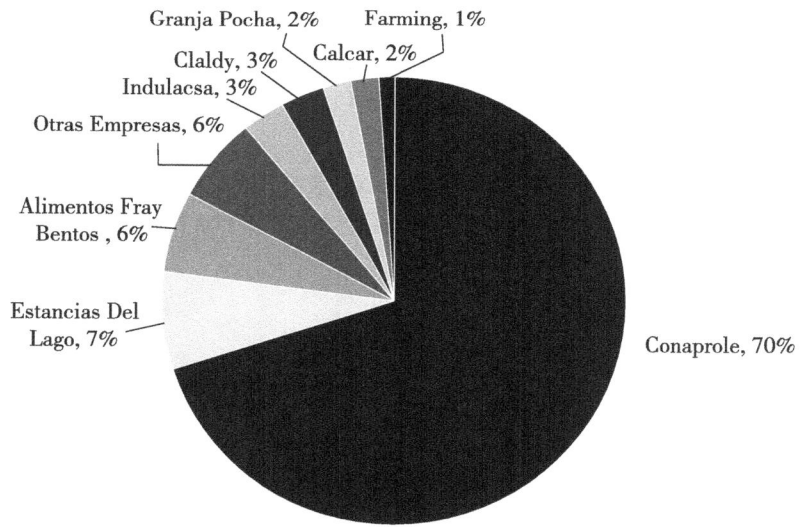

图 5-7 各乳品企业生鲜乳使用量比例

（数据来源：2019 年乌拉圭奶业统计年鉴）

5.1.6 乳制品消费

乳制品人均消费高于世界平均水平。2019 年，乌拉圭所生产的牛奶 71.0% 用于出口，剩余 29.0% 用于国内市场（表 5-2）。乳制品人均消费量（表观消费量）在近 20 年内均维持在 200 升/人以上的水平，远高于世界平均水平。2014 年和 2016 年达到最高值 256 升/人（图 5-8），其中 2016 年的增幅最大，为 10.2%。

表 5-2　2017—2019 年乌拉圭国内牛奶消费比例　　　　　　　　　　　　单位:%

年份	国内消费比例	出口比例
2017 年	33	67
2018 年	28	72
2019 年	29	71

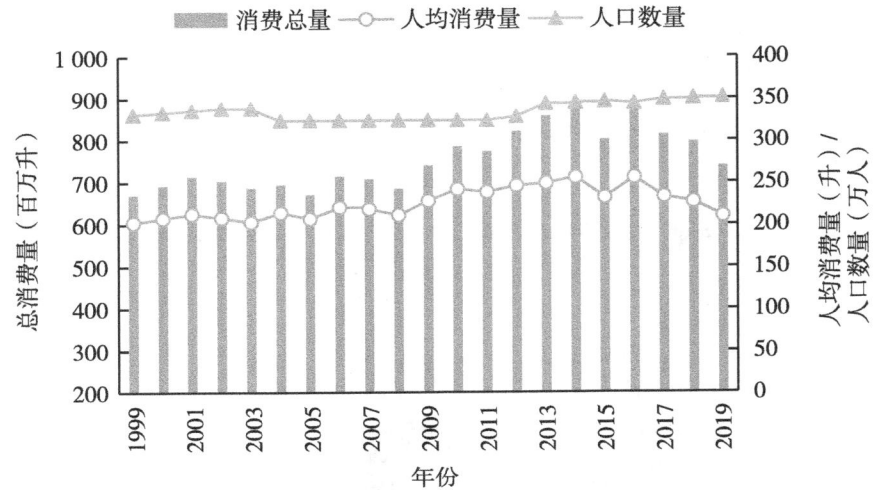

图 5-8　1999—2018 年乌拉圭乳制品消费总量和人均消费量

（数据来源：2019 年乌拉圭奶业统计年鉴）

5.1.7　乌拉圭奶业贸易以出口为主

5.1.7.1　出口情况

乳制品大部分用于出口。乌拉圭产业结构单一，主要为农牧渔业，农牧渔业在国民经济中占有重要地位，为出口提供了重要货源，乳制品大部分用于出口，近 20 年来，乳制品出口量整体呈上升趋势，近 5 年，乳制品出口量占生产量的 60.0% 以上，2019 年为 66.5%（图 5-9）。2019 年乳制品出口量为 148.40 万吨，约占全球出口量的 2%。

乳制品出口目的国较为集中。乌拉圭乳制品出口目的国主要有阿尔及利亚、巴西、俄罗斯、中国、古巴、墨西哥和阿根廷，2016 年以来，乌拉圭出口到这些国家的乳制品贸易额达到出口总额的 80% 以上。2019 年乌拉圭乳制品共出口到全球 66 个国家，阿尔及利亚占 29% 的出口额，其次为巴西，占 20.8%，俄罗斯占 16.7%（表 5-3）。从出口区域而言，非洲占了出口额的 31%，南方共同市场占 23%，拉丁美洲占 15%，亚洲占 13%，俄罗斯占 17%，北美占 1%。

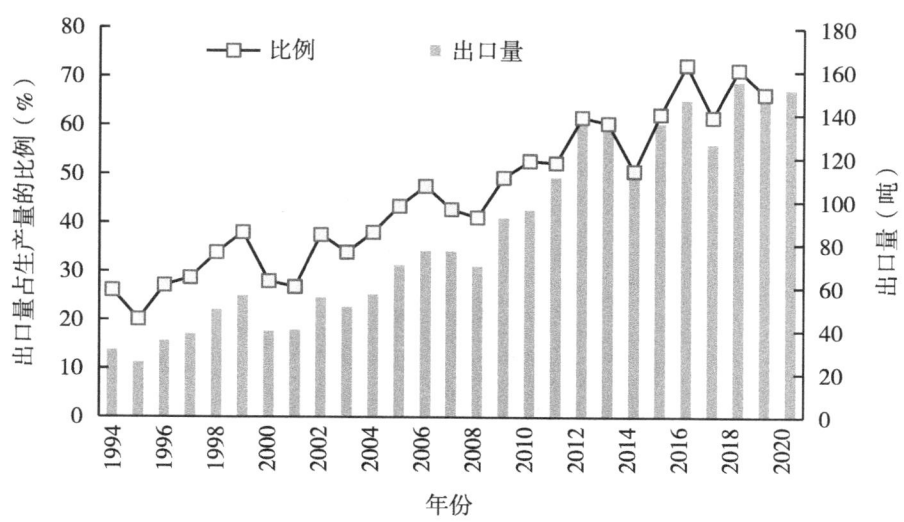

图 5-9 乌拉圭乳制品出口量占生产量的比例

（数据来源：联合国商品贸易统计数据库）

表 5-3　乌拉圭乳制品出口目的国的出口额占比　　　　　　　　　　　单位：%

国家	2016 年	2017 年	2018 年	2019 年
阿尔及利亚	7.6	20.0	31.6	28.9
巴西	61.4	38.6	20.5	20.8
俄罗斯	9.0	11.1	11.6	16.7
中国	2.9	1.6	6.3	7.3
古巴	2.2	5.1	5.9	5.4
墨西哥	5.4	5.5	6.6	4.4
阿根廷	1.3	3.2	2.9	2.3
总计	89.8	85.2	85.3	85.9

数据来源：乌拉圭奶业统计年鉴。

出口乳制品以全脂奶粉为主。2019 年，乌拉圭出口的乳制品中 62% 为全脂乳粉，16% 为奶酪，10% 为黄油，8% 为脱脂乳粉，其他乳制品占 4%（图 5-10）。全脂乳粉的出口量逐年增长，且涨幅较大；脱脂乳粉、奶酪和黄油的出口量均呈下降趋势（图 5-11）。43% 的全脂乳粉出口到阿根廷；44% 的脱脂乳粉出口到巴西；黄油主要出口到俄罗斯，2019 年出口到俄罗斯的量占总出口量的 85%；奶酪主要出口到巴西、墨西哥和俄罗斯（表 5-4）。

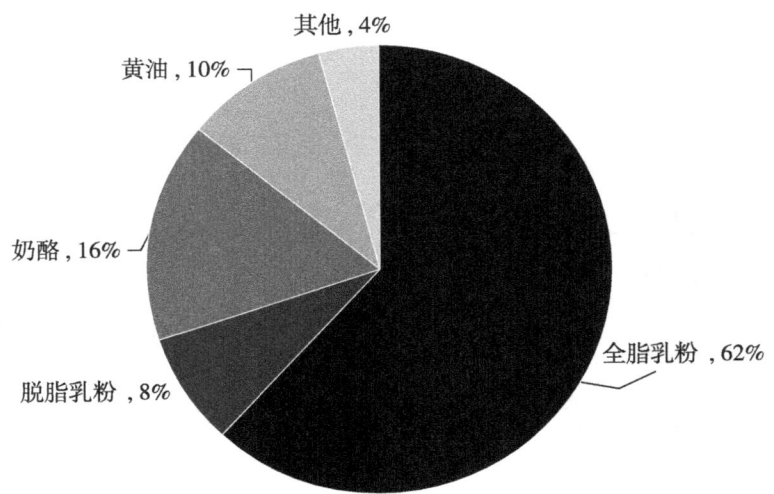

图 5-10 2019 年出口乳制品各品类情况

(数据来源：乌拉圭奶业统计年鉴)

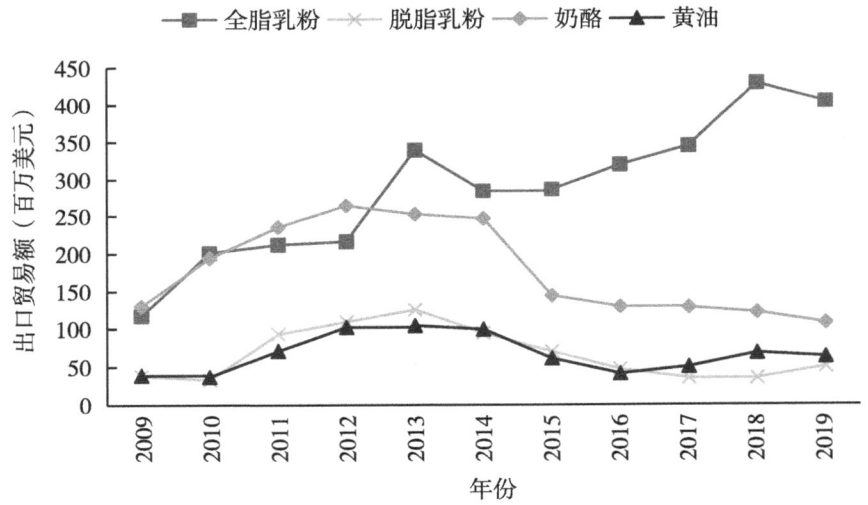

图 5-11 2009—2019 年乌拉圭出口乳制品的情况

(数据来源：乌拉圭奶业统计年鉴)

表 5-4　2019 年各类乳制品的出口情况

品类	第一位	第二位	第三位	第四位	第五位
全脂乳粉	阿尔及利亚（43%）	巴西（20%）	中国（11%）	俄罗斯（8%）	古巴（8%）
脱脂乳粉	巴西（44%）	阿根廷（34%）	中国（3%）	新加坡（1%）	马来西亚（1%）
奶酪	巴西（23%）	墨西哥（23%）	俄罗斯（20%）	阿根廷（6%）	智利（6%）
黄油	俄罗斯（85%）	阿根廷（2%）	秘鲁（2%）	摩洛哥（2%）	南非（2%）

数据来源：乌拉圭奶业统计年鉴。

5.1.7.2　进口情况

乌拉圭乳制品进口来源国稳定。乌拉圭乳制品进口来源国数量比较稳定，近几年，主要的进口来源国为阿根廷、荷兰、新西兰、巴西，从这四个国家进口乳制品的贸易额占乳制品进口总额超过 75.0%（图 5-12）。在乌拉圭乳制品的进口贸易中，阿根廷占有重要地位，近 20 年进口额均超过 50.0%，2019 年为 50.6%。除以上四个国家外，乳制品进口国还包括丹麦、美国、葡萄牙、法国、爱尔兰等。

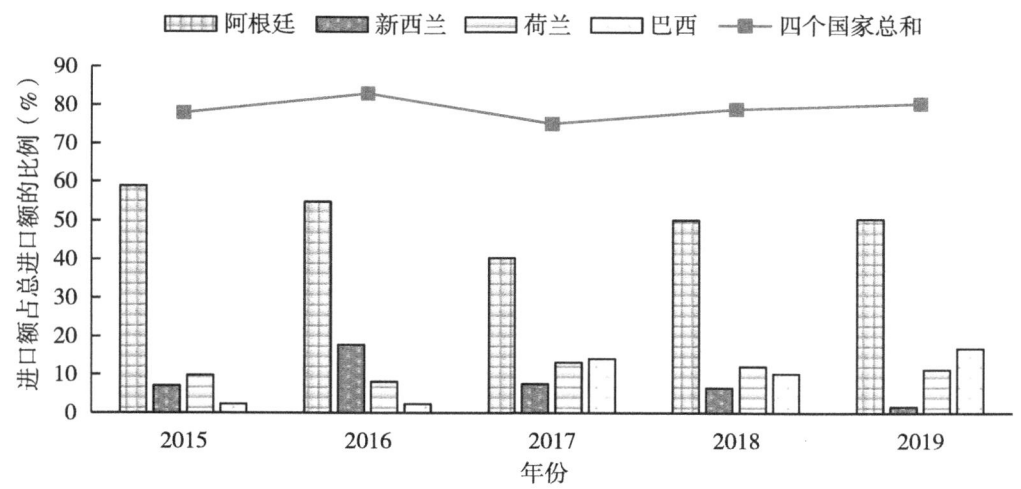

图 5-12　四个主要乳制品进口国家的进口额占总进口额的比例
（数据来源：联合国商品贸易统计数据库）

进口的乳制品主要为奶酪。乌拉圭进口乳制品主要有奶酪、黄油、酸奶、奶粉、冰淇淋等。近五年，奶酪的进口量一直处于首位，占进口总量的 30.0% 以上。2019 年奶酪进口量占乳制品总进口量的 37.4%，其主要的进口来源国为阿根廷和巴西。

5.2 中国与乌拉圭奶业合作现状

中国同乌拉圭的贸易始于20世纪80年代。1988年2月3日，中国与乌拉圭正式建立了外交关系。自建交以来，双边政治、经贸关系有了较大的发展。近10年中国对乌拉圭的出口年均增长率超过了21%，2012—2017年期间乌拉圭对中国的出口年均增长率超过了12%（赵越，2020）。

中国已成为乌拉圭重要的乳制品出口国。2002年，中国与乌拉圭政府签署了动植物检验检疫合作备忘录和中国从乌拉圭进口乳制品检验检疫及质量检查合作协议，为两国增加农牧产品贸易铺平了道路。由于该协议的签订，中国可以从乌拉圭进口长期保鲜的牛奶、奶粉、奶酪和黄油等乳制品（张莉，2013）。发展至今，中国已经成为乌拉圭重要的乳制品出口国之一，2019年中国从乌拉圭进口各种乳制品约14.15万吨（折合成生鲜乳），占中国进口总量的0.8%，占乌拉圭出口总量的9.5%（图5-13）；出口额为4 847.51万美元，占总出口额的7.5%，是乌拉圭第四大乳制品出口目的国。从具体品类看，奶粉是乌拉圭出口中国的主要产品，2019年，奶粉出口量占出口总量的84.4%，其次为奶酪，占10.9%。

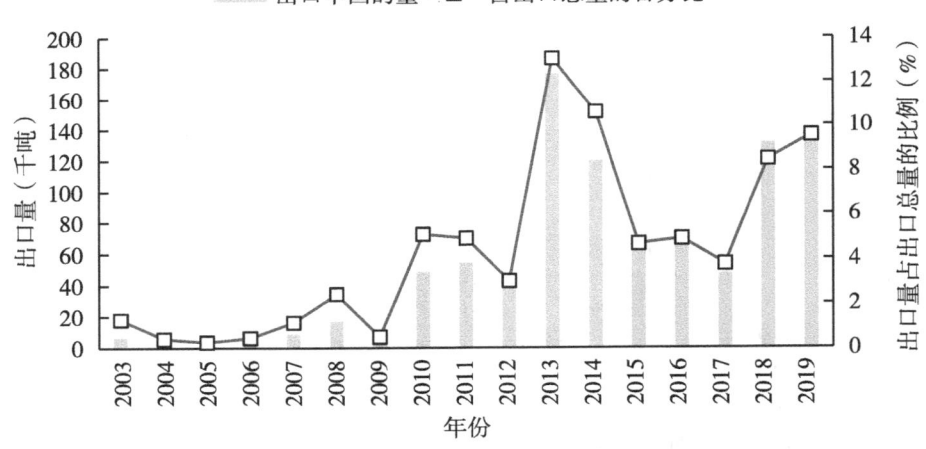

图5-13　乌拉圭出口乳制品总量及出口到中国的比例

（数据来源：联合国商品贸易统计数据库）

中国从乌拉圭进口种用活牛数量提升。中国目前允许从澳大利亚、新西兰、智利和乌拉圭四个国家进口活牛。由于澳大利亚和新西兰种牛供应偏紧，从乌拉圭进口的比例逐步提升。根据海关总署数据，2020年中国共进口种用活牛9.2万头，其中从乌拉圭进口1.02万头，占11.1%；2021年1—5月，从乌拉圭进口种用活牛的数量占15.1%。

乌拉圭乳品企业正积极开拓中国市场。乌拉圭最大的乳品企业科拿乳业非常看重中国不断上升的乳制品购买力，对中国市场做出了大力开发的长远打算。科拿乳业从2008年起多次派代表，在中国乳制品工业协会年会上对乌拉圭乳业以及科拿乳业进行推介；2019年与蒙牛集团签订经贸合作框架协议，与伊利集团签署了战略合作协议。2020年，乌拉圭乳业推广会在乌拉圭大使馆召开，乌拉圭驻华大使亲自为乌拉圭乳业作宣传，并希望更多的乌拉圭乳品企业到中国投资发展。

5.3 合作展望

5.3.1 乳制品贸易

2008年以来，中国乳制品进口量逐年增加，虽然近几年增速有所放缓，但增速仍维持在10%以上，2020年为328.12万吨，同比增长10.4%。而中国乳制品消费处于提振期，乳制品供应总体偏紧，未来仍需依赖进口。同时，中国乳制品的进口来源也相对集中，多年来进口来源国主要集中在新西兰、澳大利亚和欧盟三个国家和地区，存在一定贸易风险。乌拉圭生产的乳制品主要用于出口，国内消费量较低且稳定。中国被乌拉圭定义为具有开发潜力的出口市场。2019年，中国的全脂乳粉进口来源国中，乌拉圭排在第三位。且近两年从乌拉圭进口的奶粉价格，均低于中国进口奶粉的平均价格，具有一定价格优势。因此，从分散进口来源以及质优价美的角度出发，乌拉圭都是进口来源国比较好的选择。

5.3.2 活牛进口

中国种牛主要从新西兰、澳大利亚、智利和乌拉圭四个国家进口。在四个国家中，乌拉圭的存栏规模和养殖规模排在第三位，奶牛单产排在第二位，且乌拉圭奶牛疫病净化较好，进口奶牛的疫病只有牛病毒性腹泻和牛地方流行性白血病，和其他国家比相对较少。在对中国养殖户进行的调研结果显示，养殖场在进口奶牛时选择的第一性状是产奶量，其次是乳品质。而乌拉圭奶牛养殖的草饲形式为其优良的乳品质提供了保障，即没有辐射污染，不含生长激素、不含抗生素、不含重金属，符合中国养殖者的选择偏好。在目前牛源供应紧张的情况下，中国进口乌拉圭种牛的数量有望逐步步增加。

参考文献

丁琳琳，陈秧分，等，2020.乌拉圭农业发展及中乌农业合作路径选择[J].价格月刊(10):88-94.

张莉, 2013. 乌拉圭牛业发展现状分析[J]. 黑龙江畜牧兽医, 16:23-24.

赵越, 2020. 基于中拉经贸合作的拉美西班牙语国家进出口需求分析[J]. 产业与科技论坛, 19(9):90-92.

GARCÍA FERREIRA R, TOMMASINO H, et al., 2011. Impacto de estrategias colectivas en la sustentabilidad de sistemas familiares lecheros en Uruguay[J]. Pastosy Forrajes, 34(1):109-120.

6 智利奶业发展及与中国合作现状

摘　要：智利牛奶产量达26亿升，占世界奶产量的0.4%。近20年来，奶牛存栏逐渐减少，在2018年有所恢复，平均养殖规模不断扩大，奶牛单产有所提高。奶牛养殖主要集中在智利中南部地区，约占智利存栏量的80%。智利每年有81%左右的生鲜乳用于加工，加工产品主要以奶酪、全脂奶粉、炼乳、乳清、黄油和酸奶为主，2020年其加工量分别为10.1万吨、6.7万吨、4.6万吨、3.2万吨、2.9万吨、2.3亿升。智利消费市场活跃，乳制品人均年消费量接近150升。乳制品贸易波动增长，2014年后呈现贸易逆差格局，进口品类主要以奶酪、脱脂乳粉和乳清为主，智利生鲜乳约15%经加工后用于出口，出口品类主要以炼乳、乳清和婴幼儿配方乳粉为主。中智两国在乳清和奶牛贸易方面合作紧密，交流频繁。未来，中国与智利之间可加强奶进口贸易及乳品企业双向投资合作，并进一步建立良好的合作机制。

关键词：智利；奶业；贸易；合作

智利位于南美洲西南部，安第斯山脉西麓。东与阿根廷为邻，北与秘鲁、玻利维亚接壤，西临太平洋，南与南极洲隔海相望，自然地理位置特征形成了天然的动物卫生屏障。智利国土面积756 626平方千米，人口1 800多万人，北部多山，中部土地非常肥沃。全国共分为15个大区，下设54个省和346个市。智利气候复杂多样，包括多种形态，主要为沙漠、地中海、温带阔叶林气候。智利政府对外实施全面的开放政策，鼓励外国投资，在很大程度上提高了国家的生产能力和国际竞争能力，使智利成为南美洲经济最发达的国家。矿业、林业、渔业和农业是其国民经济四大支柱。其中畜牧业是智利农业数百年来发展的中心，早在18世纪，智利就有畜牧业的交易记录和记载，直到21世纪的今天，畜牧业已经成为智利城郊农业的重要部分，畜牧业从业人口70万人，约占农业人口的12%，大部分为中小型生产者。

6.1 智利奶业基本情况

6.1.1 畜牧业生产

智利畜牧业主要集中于中央山谷和南部平原地区，牧场面积约12.93万平方千米，以饲养牛、羊、猪和鸡等牲畜为主。牛饲养地区主要集中在智利中南部,第十大区(Los Lagos)、首都大区(Metropolitan)和第九大区(Araucanía),约占全国饲养数量的60%,第十四大区(Los Ríos)和八大区(Bíobío)约占20%。羊饲养区主要集中在南部第十二大区(Magallanes),占全国饲养数量50%以上,第十大区(Los Lagos)和第十一大区(Aisen)约占20%。猪饲养地区主要为首都大区(Metropolitan)和第十大区(Los Lagos)。

FAO数据显示,2019年智利饲养牛、羊、猪、鸡的数量分别为311万头,258万只、257万头、1.14亿只(表6-1)。年产牛肉21万吨,羊肉1万吨,猪肉54万吨,鲜奶117万吨。智利是南美洲重要的奶业国家,奶牛存栏约占牛总存栏的40%,奶制品污染少、卫生监管十分严格,品质优良,是美洲地区公认的高质量乳制品。智利拥有良好的气候条件和丰富的草场资源,进一步扩大奶业生产规模潜力较大。

表6-1 2011—2019年智利主要畜牧产品产量

项目	2011年	2012年	2013年	2014年	2015年	2016年	2017年	2018年	2019年
牛(万头)	376	375	301	290	274	284	289	299	311
猪(万头)	282	333	280	243	270	261	251	261	257
羊(万只)	420	418	386	333	260	262	248	258	258
鸡(百万只)	48	48	48	98	103	103	110	110	114
牛肉(万吨)	19	20	21	22	23	22	20	20	21
羊肉(万吨)	2	2	1	2	1	1	1	2	1
猪肉(万吨)	53	58	55	52	52	52	49	52	54
牛奶(万吨)	262	265	215	215	203	199	199	199	117

数据来源:FAO。

6.1.2 奶牛养殖业

(1)奶牛存栏

智利是南美养殖业发达的国家,牧场资源十分丰富。奶牛主产区位于智利南部地区,养殖模式以家庭放牧为主,同时补喂饲料,存在极少部分以合作社的组织方式从事奶牛养殖。近20年来,智利奶牛场数量大幅减少,但养殖规模有所提升。根据智利农业普查数据,1997年智利共有近5万家奶牛场,2009年不到2万家,减少60%。其中,存栏1~19头奶牛场数量减少近7成,由1997年的4万家减少至2009年的1万多家(图6-1),存栏占比由1997年的31%下降至2009年的16%。存栏500头以上奶牛场数量由1997年的3.7万家增加至2009年的8.5万家,存栏占比由1997年的6%上升到2009年的20%,上升14个百分点(图6-2)。

近20年来,智利奶牛存栏量呈现先减少后增长并渐趋平稳的趋势。1997—2009

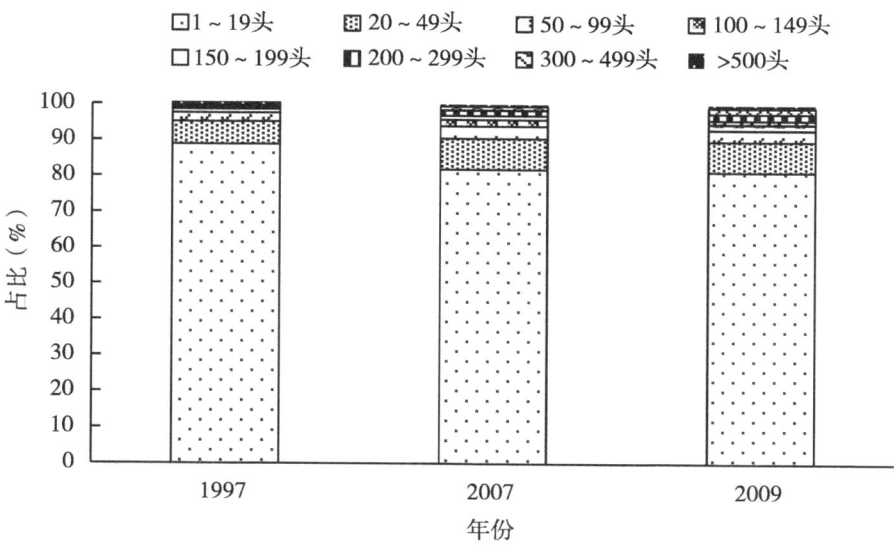

图 6-1　智利不同规模奶牛场数量占奶牛场总数比例

（数据来源：2007 年智利农业普查、2009 年国家统计局调查数据）

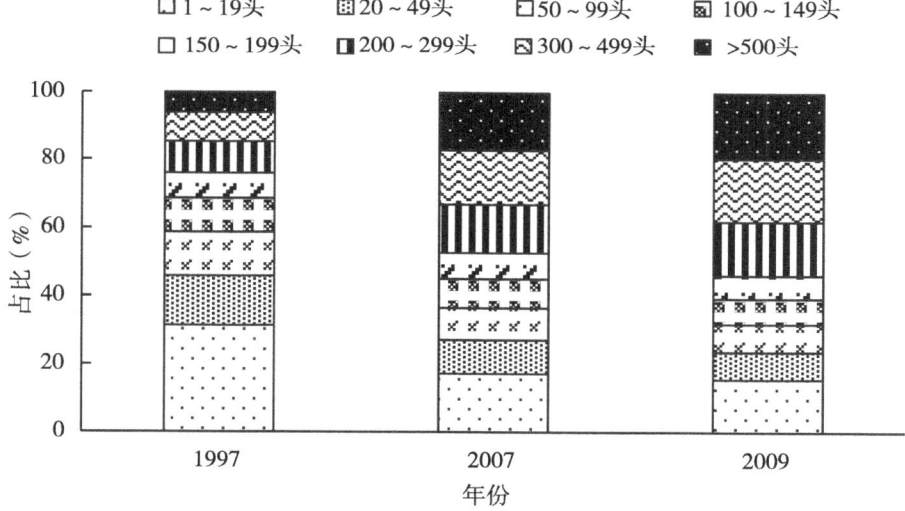

图 6-2　智利不同规模奶牛场存栏占总存栏比例

（数据来源：2007 年智利农业普查、2009 年国家统计局调查数据）

年，奶牛存栏由 190 万头减少到 76 万头，这一时期存栏的下降主要受中小型养殖者加速退出影响，一方面饲养少于 50 头的奶牛场由于生鲜乳销售利润较低而退养，另一方面，乳制品加工企业收奶要求不断提高，加速了低养殖水平奶牛场退养，如严格冷藏条件、奶牛健康状态、体细胞计数水平由 70 万降至 30 万、加入智利动物官方认证计划（Programa de Planteles Animales bajo Certificación Oficial，PABCO）等。

2010—2013年存栏量呈增长趋势，一部分小规模养殖场不断扩大规模，推动存栏量的增长。2014—2019年存栏量渐趋平稳，2020年奶牛存栏量为105万头（图6-3）。

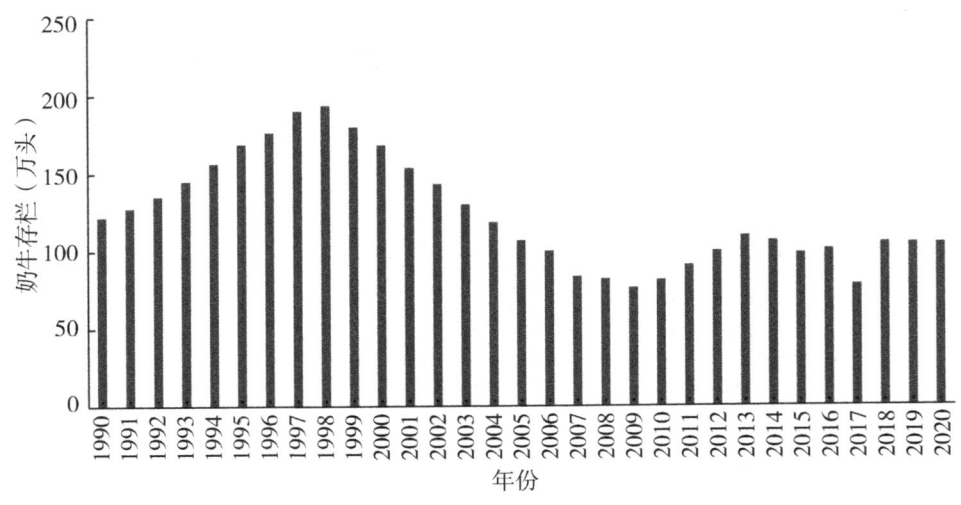

图6-3　1990—2020年智利奶牛存栏量

（数据来源：OECD）

（2）生鲜乳产量

虽然1997年以来，奶牛存栏和奶牛场数量有所减少，但受益于奶牛场的转型升级和规模化发展，智利奶牛单产有所提高。据智利家畜健康调查结果显示，奶牛单产从1997年的3 904升提高到2011年的6 895升，增长77%。智利生鲜乳产量总体呈增长趋势，据智利农业研究和政策办公室（ODEPA）数据，生鲜乳产量从2003年的21.3亿升增加到2014年的26.91亿升，增长了31%，其中，2009年由于国际奶价下降、奶牛场退养加速以及恶劣天气加剧等因素，产量大幅下降。2015年略有下降，2018年逐渐恢复，达到25.5亿升，较2017年增长约0.8%（图6-4）。智利生鲜乳生产季节性较强，1月最热，平均气温为12~19℃。6月最冷，平均气温为3~14℃，年均最高气温22.6℃，最低气温9.3℃，春季到夏季草原牧草丰富，奶牛产奶量较高。

6.1.3　奶业养殖区域布局

智利奶牛养殖主要集中在中南部第十大区（Los Lagos）、第十四大区（Los Ríos）等，其中第十大区和第十四大区奶牛存栏量占到全国的80%左右（图6-5）。这些地区气候温和，湖泊遍布，降水充沛，草场资源和水资源丰富，可满足奶牛场饲料供应，降低了饲养成本。

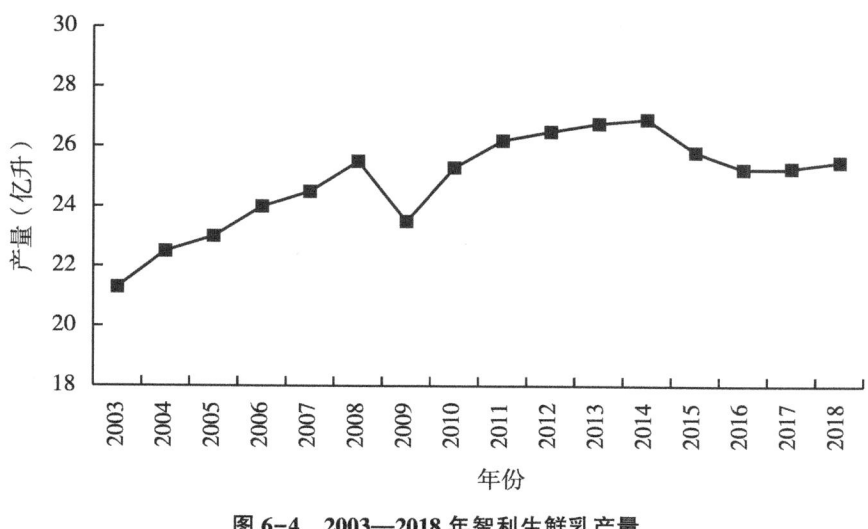

图 6-4 2003—2018 年智利生鲜乳产量
(数据来源：ODEPA)

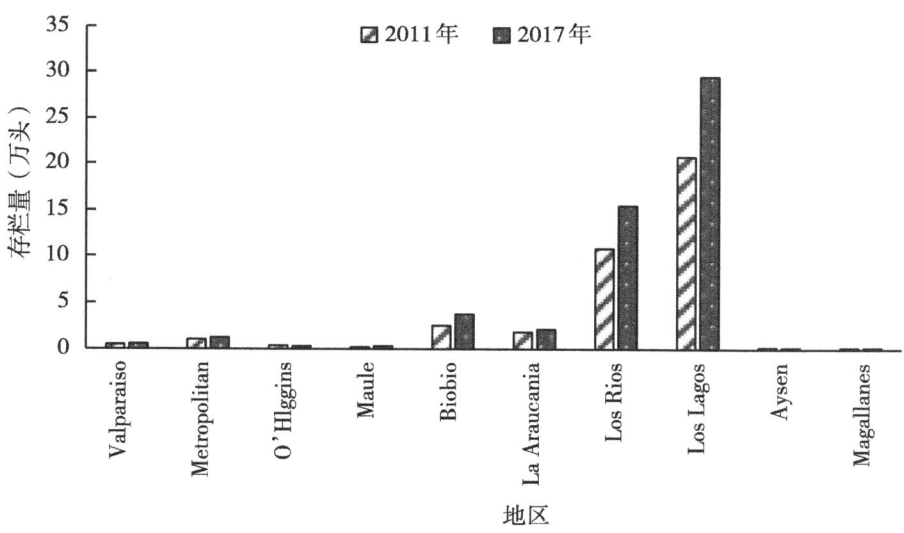

图 6-5 2011 年和 2018 年智利各区奶牛存栏量
(数据来源：ODEPA)

6.1.4 奶牛疫病净化

智利奶牛布鲁氏菌病的净化程度保持较高水平。据智利乳业协会（Consorcio

Lechero）数据，2019年无布鲁氏菌牛奶占总收奶量的97%，生产者占比达到95%。其中，南部地区奶牛布鲁氏菌病净化的牧场占该区域牧场总数的比例为96%，高于中部83%。但南部地区较2018年100%的净化水平有所降低，中部地区较2018年81%的水平相比有所提高。从具体地区来看，与2018年相比，2019年首都大区（Metropolitan）（77%对95%）和第六大区（O'Higgins）（55%对74%），第七大区（Maule）（85%对98%）和第九大区（Araucania）（72%对76%）的无布鲁氏菌牛奶占比均有所提高。

2019年智利无奶牛结核病牛奶占总收奶量的90%，较2018年93%的水平有所降低；奶牛牧场比例与2018年相同为90%。智利无奶牛白血病牛奶和牧场占比分别为83%和82%，略低于2018年（87%和84%），自2016年以来，奶牛白血病净化进展不大，无奶牛白血病牛奶收购量和牧场占比一直在83%至89%之间波动（图6-6）。

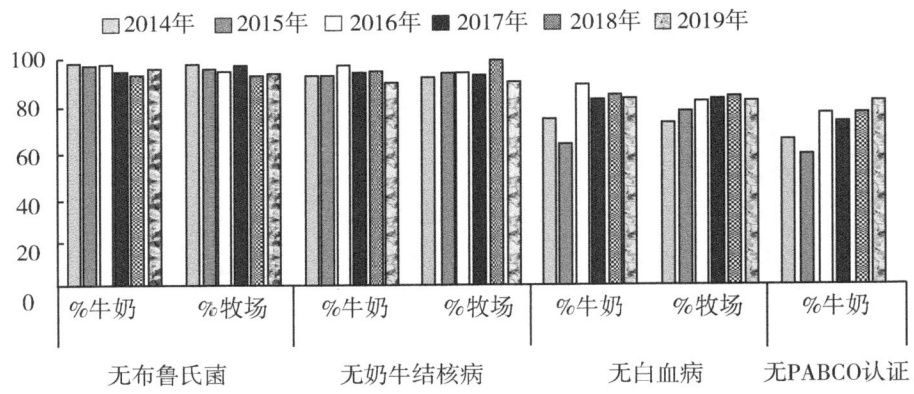

注：PABCO为智利官方管理的牛奶认证项目。

图6-6 2014—2019年奶牛疫病净化情况

（数据来源：ODEPA）

6.1.5 生鲜乳销售

在生鲜乳交易过程中，乳制品加工企业与奶农之间一般存在两种关系，第一种是正常的牛奶买卖供应关系，奶农不参与乳制品加工企业的决策。Soprole和Watt's等公司采用该模式，除接收奶农的生鲜乳，企业还向奶农提供生鲜乳质量外部认证、技术援助、生鲜乳运输服务等其他服务；第二种模式是合作社模式，例如Surlat或Colun合作社，合作社奶农提供生鲜乳并按比例分享其利润。

智利生鲜乳价格不由现货市场确定。智利自由竞争保护法庭（TDLC）于2004年通过7号法令，乳制品加工企业需在收奶前一个月发布价格指南。价格指南通常持续数月,奶农很少改变买家。该指南规定了每升生鲜乳的基本价格,并根据其特征予以奖励和惩罚,例如脂肪含量、蛋白质含量、动物健康状况和交付量等。具体价格指南因不同的乳制品加工企业而异。根据 7 号法令,乳制品加工企业需做到以下几点,一是必须备存采购价格一览表,列明各项参数,并向相关监管人士提供资料;二是必须至少提前一个月宣布收奶价格及相关指标的变化;三是必须以书面形式向其供奶的奶农提供拒绝购买牛奶的理由;四是必须对拒奶的原因进行登记,并每 6 个月向国家财政部长报告交易客户的重大变化。

智利生鲜乳价格季节波动性和地区差异性明显。冬季养殖成本增加,产量下降,生鲜乳价格较高,夏季价格一般较低。同一乳制品加工企业的基础价格条件因地区而异,在中南部地区,基础价格通常较低,随着向北部地区移动,产量减少,价格逐渐提高(图 6-7)。

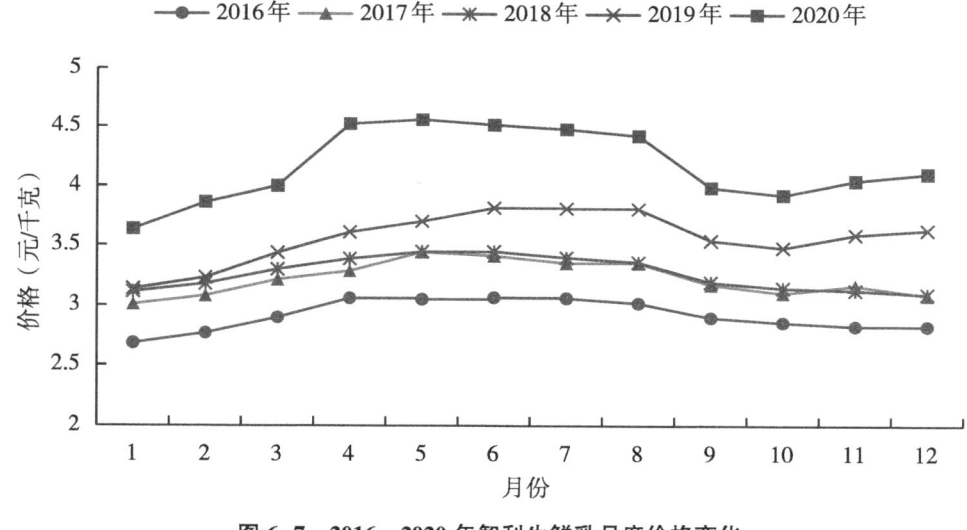

图 6-7 2016—2020 年智利生鲜乳月度价格变化
(数据来源:CLAL)

近 5 来生鲜乳价格总体呈现增长趋势。2020 年平均奶价 4.17 元/千克,较 2016 年 2.91 元/千克增长 43%。

6.1.6 乳制品加工

智利乳制品加工业高度集中。大部分乳制品加工企业位于第十大区(Los Lagos)、第十四大区(Los Ríos)。乳制品加工商包括 20 余家大型乳制品加工企业、100 余家中小型乳制品加工企业以及其他加工者。大型乳品企业主要分为两种,一种是以 Colun 合作社为代表的智利本土企业,另一种是雀巢、恒天然、拉克塔利斯等跨国企业，拥有鲜奶、酸奶、黄油、奶酪、奶粉和乳清等完整的生产线，生产的产品销往全球40多个国家和地区。据智利乳业协会（Consorcio Lechero）统计，2017年，Colun、雀巢、恒天然、拉克塔利斯等11家大型乳制品加工企业全年加工量21.15亿升，占到智利生鲜乳产量的85%（图6-8）。

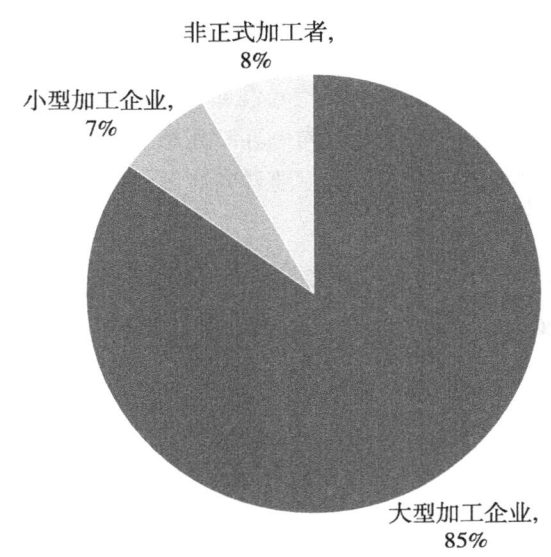

图6-8　2017年不同规模乳制品加工企业加工量占比情况

（数据来源：Consorcio Lechero）

乳制品加工量受气候影响波动变化，近两年逐渐增长。在过去10年里，智利严重干旱，影响牧场饲料供应，从而减少了牛奶产量和加工厂收奶量。2019年智利共加工21.45亿升牛奶，同比下降1.3%。2020年大量降雨天气的到来，有利于牛奶生产。2020年1—8月总加工量比2019年同期增加了6.3%。其中第十大区（Los Lagos）加工5.95亿升液态奶，同期增长了7.0%；第十四大区（Los Ríos）加工4.13亿升，比2019年增长7.7%。

乳制品加工种类以干乳制品为主，占比不断增加。智利主要的乳制品种类包括奶酪、全脂乳粉、炼乳、乳清、黄油、酸奶、液态奶和脱脂乳粉。其中，约有28.6%的生鲜乳用于液态奶和酸奶的加工，2020年加工量近7亿升。干乳制品加工量从2014年的27万吨增长到2020年的30.7万吨，分品种来看，奶酪加工最多，2020年加工量达到10.1万吨，其次依次是全脂乳粉、炼乳、乳清、黄油，加工量分别为6.7万吨、4.6万吨、3.2万吨、2.9万吨。2020年乳清、黄油、酸奶和炼乳的加工量与2019年相比均有所增加（表6-2）。

表 6-2 智利主要乳制品种类及产量

乳制品种类	2014 年	2015 年	2016 年	2017 年	2018 年	2019 年	2020 年
液态奶（百万升）	423	427	429	430	414	389	467
全脂乳粉（吨）	75 419	59 950	50 386	58 320	64 442	67 421	67 089
脱脂乳粉（吨）	28 091	27 352	26 514	23 670	13 588	16 186	14 130
乳清（吨）	21 480	21 559	24 716	26 272	27 232	27 545	31 820
黄油（吨）	21 874	22 374	22 591	23 799	25 290	26 026	28 973
奶酪（吨）	81 574	81 650	81 234	94 269	107 507	103 428	101 416
茅屋奶酪（吨）	9 133	9 197	9 856	15 434	17 984	17 224	17 056
酸奶（百万升）	227	230	244	240	235	226	229
炼乳（吨）	36 751	39 093	40 604	39 587	40 128	38 925	46 477
累计收奶量（百万升）	2 149	2 029	1 991	2 115	2 174	2 145	2 275

数据来源：ODEPA。

6.1.7 乳制品消费

智利乳制品人均消费量总体呈增长趋势。2004—2007 年，乳制品人均消费量为 115.9 升/（人·年），2016—2019 年为 146.3 升，增长 26%，其乳制品人均消费量高于乌拉圭、哥斯达黎加、阿根廷和巴西之外的大多数拉美国家（图 6-9）。智利乳制品消费的迅速增长可归因于参加国际农业革命、政府政策支持、人均国内生产总值不断提高、宏观经济稳定、消费习惯改变、贸易自由化的发展、乳制品价格的下降以及全国牛奶生产商协会（federeche）在"我喝牛奶"运动战略框架内开展的宣传运动等多种因素。

当前智利乳制品消费主要以液态奶、酸奶和奶酪为主。2018 年三者消费量分别为 41.6 万吨、25.3 万吨、14.3 万吨（表 6-3）。受饮食习惯因素对食物结构的影响，不同种类乳制品的消费情况差别较大。在智利，酸奶被广泛用作早餐或零食，奶酪被当作下午茶点，圣地亚哥 81% 的奶酪消费者每年食用的奶酪中，大部分是三明治（Vargas-Bello-Pérez et al.，2014）。智利是拉美人均酸奶和奶酪消费量最高的国家（Richard，2018）。

智利国内对乳制品的需求持续强劲。据 IDF 数据，2018 年智利乳制品消费总量增长 1%，液态奶的消费量增长 5.1%，酸奶的消费量增长 3.6%，奶酪消费量（+10%）和黄油消费量（+15%）增长最为显著。

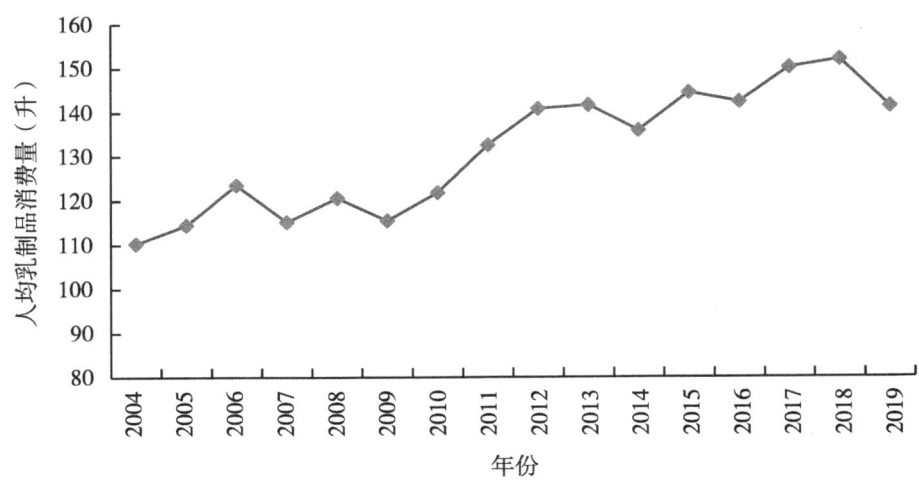

图 6-9 2004—2019 年智利人均乳制品消费量

(数据来源：ODEPA)

表 6-3 2018 年智利乳制品消费情况　　　　　　单位：千吨

乳制品种类	总产量		进口量		出口量		消费量
	2018 年	2017 年 = 100	2018 年	2017 年 = 100	2018 年	2017 年 = 100	
液态奶	414	93	2	123	0	35	416
酸奶	254	98	0	57	1	160	253
奶油	40	130	0	168	0	27	40
黄油	25	106	8	129	2	52	31
奶酪	101	107	49	126	7	78	143
全脂乳粉	64	110	8	80	4	104	68
脱脂乳粉	14	57	13	88	1	125	26

数据来源：IDF。

6.1.8 奶业贸易

乳制品贸易波动变化，2014 年后呈现贸易逆差格局。2010—2014 年智利乳制品贸易规模不断增长，进口额从 2010 年的 0.88 亿美元增长到 2.27 亿美元，出口额从 1.81 亿美元增长到 3.21 亿美元，呈贸易顺差。自 2015 年开始，随着全球奶业的不景气，出口额波动下降，进口额快速增长，超过出口额，呈现逆差格局（图 6-10）。2019 年进口额 2.98 亿美元，较 2014 年增长 31%。出口额 1.75 亿美元，较 2014 年下降 45%。

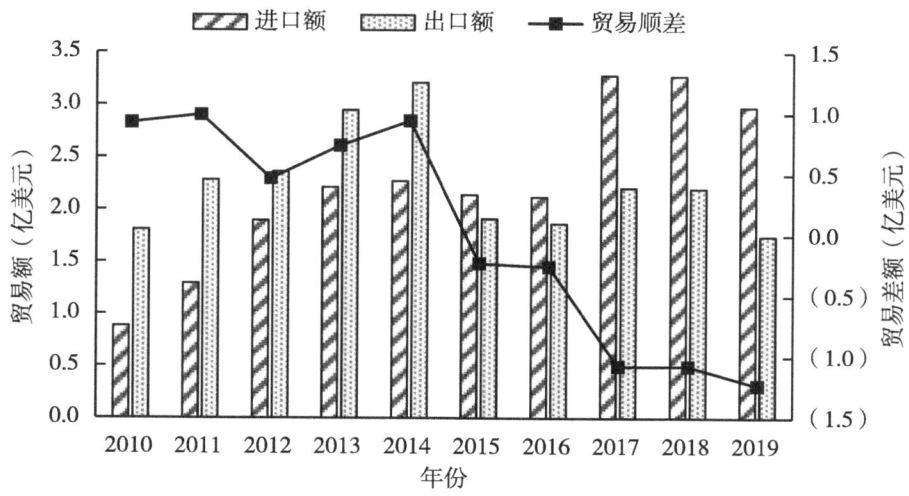

图 6-10 2010—2019 年智利乳制品贸易额情况
(数据来源：联合国商品贸易统计数据库)

乳制品贸易品类较为集中。炼乳、乳清和婴幼儿配方乳粉为前三大出口产品。2019年三者出口量占总出口量的77%。其中，炼乳出口最多，达到2.58万吨，占出口量的35%，近10年来占比变化不大；其次是乳清出口1.64万吨，近10年占总出口量的比重不断加大，2019年占比22%，较2010年的10%增加12个百分点；婴幼儿配方乳粉是第三大出口乳制品，2019年出口1.53万吨（图6-11，表6-4）。进口方面，2019年奶酪进口最多，达到4.37万吨，占到总进口量的50%，其次是脱脂乳粉和乳清，分别占进口量的15%和13%（图6-12）。

表 6-4 2019 年智利乳制品贸易情况

乳制品种类	出口量（万吨）	出口额（亿美元）	进口量（万吨）	进口额（亿美元）
鲜奶	0.13	0.01		
全脂乳粉	0.35	0.10	0.26	0.09
脱脂乳粉	0.04	0.01	1.35	0.33
酸奶	0.08	0.03	0.03	0.01
乳清	1.64	0.15	1.12	0.26
婴幼儿配方乳粉	1.53	0.51	0.32	0.20
奶酪	0.92	0.40	4.37	1.76
奶油	0.22	0.11	0.57	0.25
炼乳	2.58	0.43	0.70	0.08

数据来源：联合国商品贸易统计数据库。

进口来源地逐渐集中。从进出口国家数量看，智利乳制品进口国家呈现增长趋势，从2008年的30家增长到2019年的51家。美国、欧盟、新西兰、阿根廷一直是智利乳制品主要的进口来源地。进口量前5来源地占比稳定在70%左右，进口前10稳定在91%左右（图6-13）。2019年第一进口来源国为美国，进口额为8 000万美元，占总进口额的26%，其中奶酪占总进口量的60%，脱脂乳粉占34%。从欧盟国家进口的乳制品占总进口额的25%，其中奶酪占进口量的67%、婴幼儿配方乳粉和液态奶各占10%。阿根廷是第三大乳制品进口来源国，占总进口额的18%，奶酪进口量占65%，乳清进口量占28%。2019年，自新西兰的进口量占其进口额的13%，主要进口产品为黄油和奶酪，分别占55%和37%。

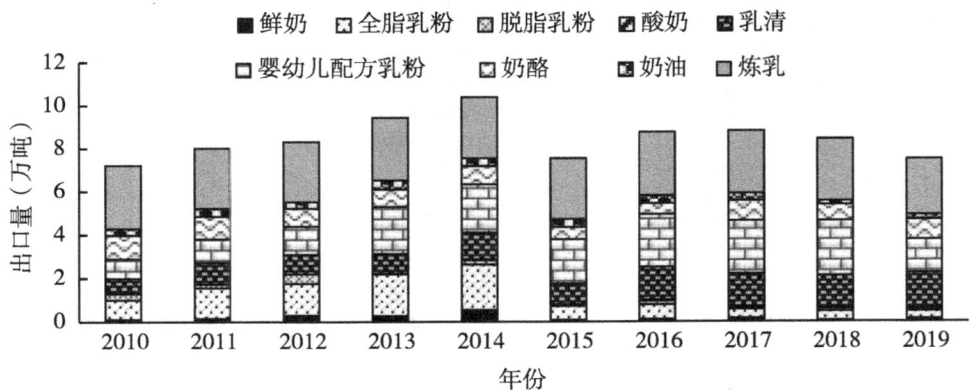

图 6-11　2010—2019 年智利乳制品出口量
（数据来源：联合国商品贸易统计数据库）

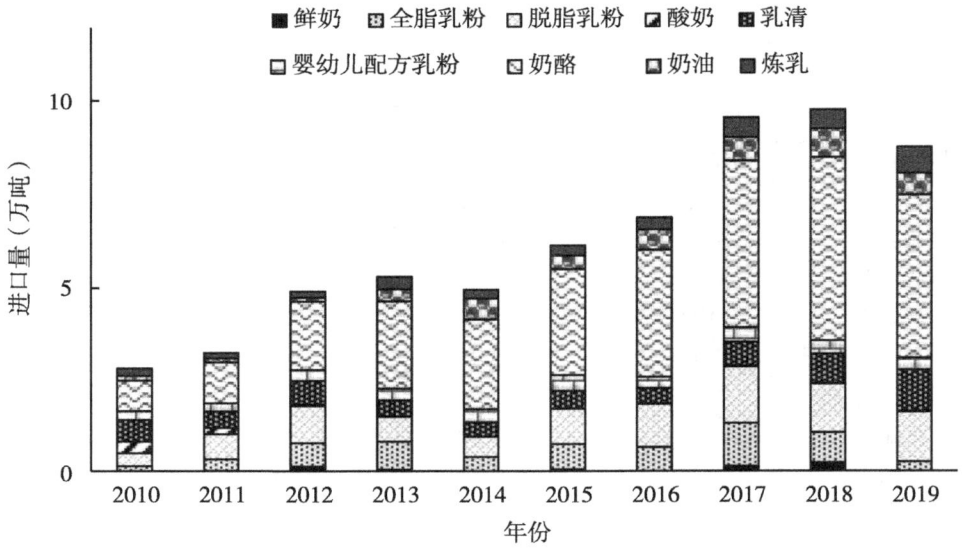

图 6-12　2010—2019 年智利乳制品进口量
（数据来源：联合国商品贸易统计数据库）

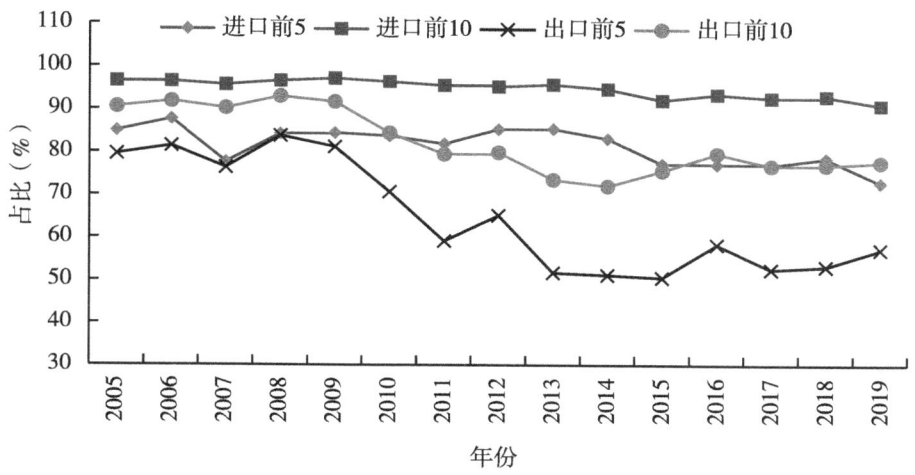

图 6-13　2005—2019 年智利乳制品进口来源地和出口目的地排名前 5 和前 10 占比情况
（数据来源：联合国商品贸易统计数据库）

出口目的地趋于分散。相比之下，出口国家数量波动变化，出口集中度降低。2008—2019 年，出口国家数量在 30~46 家之间波动，出口量前 5 国家的出口比重由 80% 下降到 57%，出口前 10 的国家出口比重由 91% 下降到 78%。2019 年出口国家主要为美国、秘鲁和墨西哥，分别占总出口额的 21%、14% 和 12%。在炼乳、乳清、婴幼儿配方乳粉三大主要出口产品中，2019 年前 10 位目的国出口量占总出口量的比例分别达到 99%、96%、76%。其中美国是炼乳最大的出口市场，出口量达到 1.29 万吨。秘鲁、中国是乳清的第一、第二大出口市场（表 6-5）。2019 年出口中国 0.39 万吨，接近出口量的 24%。婴幼儿配方乳粉出口国主要集中在哥伦比亚等美洲国家。

表 6-5　2019 年智利主要乳制品前 10 位出口国家或地区　　　　单位：吨

排名	炼乳		乳清		婴幼儿配方乳粉	
	国家	出口量	国家	出口量	国家	出口量
1	美国	12 874	秘鲁	5 703	哥伦比亚	2 254
2	秘鲁	4 344	中国	3 900	洪都拉斯	1 703
3	哥斯达黎加	3 759	韩国	2 113	尼加拉瓜	1 608
4	厄瓜多尔	1 366	哥伦比亚	1 800	危地马拉	1 564
5	墨西哥	1 174	萨尔瓦多	862	美国	1 068
6	玻利维亚	1 104	哥斯达黎加	200	特立尼达和多巴哥	928
7	洪都拉斯	524	危地马拉	180	巴拿马	891
8	萨尔瓦多	179	玻利维亚	178	牙买加	770
9	多米尼加共和国	131	墨西哥	145	厄瓜多尔	617
10	巴拉圭	107	日本	750	加拿大	301

数据来源：CLAL。

6.2 中国与智利奶业合作现状

6.2.1 种牛贸易

中国种牛进口在 2004 年达到峰值后呈现断崖式下降，在 2008 年后开始逐年上升，在 2014 年后再次达到高峰，年进口奶牛 21.4 万头，之后逐渐下降，2017 年进口奶牛 7.94 万头，同比下降 40.3%，近两年来进口逐渐呈现增长趋势。智利与我国在 2014 年达成种牛输华协议后，至今已向中国输出种牛约 3.3 万头，2020 年向中国输出种牛 997 头（图 6-14）。

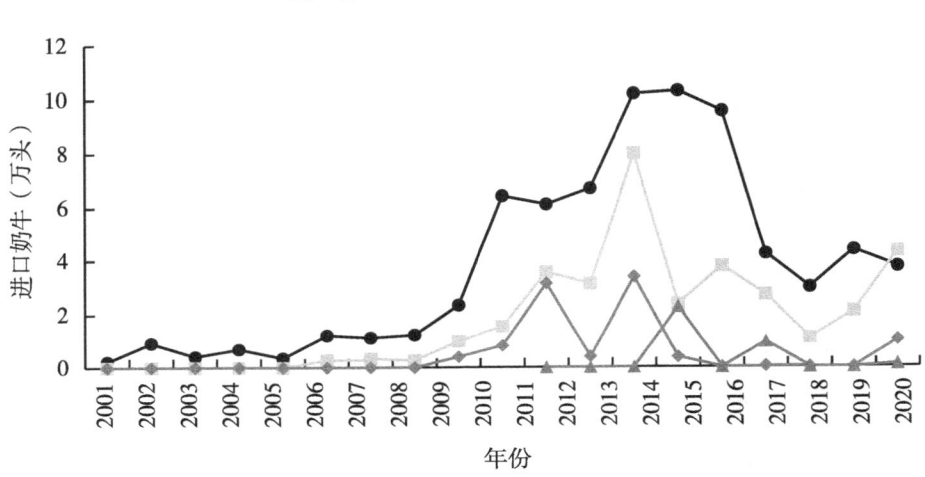

图 6-14 中国奶牛进口情况

（数据来源：中国海关总署）

6.2.2 乳制品贸易

2008—2019 年中国与智利之间的乳制品贸易呈逆差状态，以进口为主，出口仅占很小一部分，且逆差额逐年扩大。自 2006 年中智自贸协定签署后，中国从智利进口乳制品快速增长，2014 年进口 8 936 吨，较 2013 年增长 1 倍，进口量达到顶峰。2015 年进口量下降至 2 767 吨，随后呈现逐年稳步增长趋势，2019 年进口量达到 6 649 吨，同比增长 12.3%。从进口结构来看，2014 年之前主要以全脂乳粉为主，其他乳制品间差异不明显。2014 年之后，全脂乳粉进口量下降，进口逐渐以乳清为主，其次是鲜奶，再次是全脂乳粉和奶酪（图 6-15a）。从进口额来看，2010—2014 年全脂乳粉最多，2014年之后随着全脂乳粉进口量的减少，进口额下降，2015—2019年在500万美元上下波动（图6-15b）。

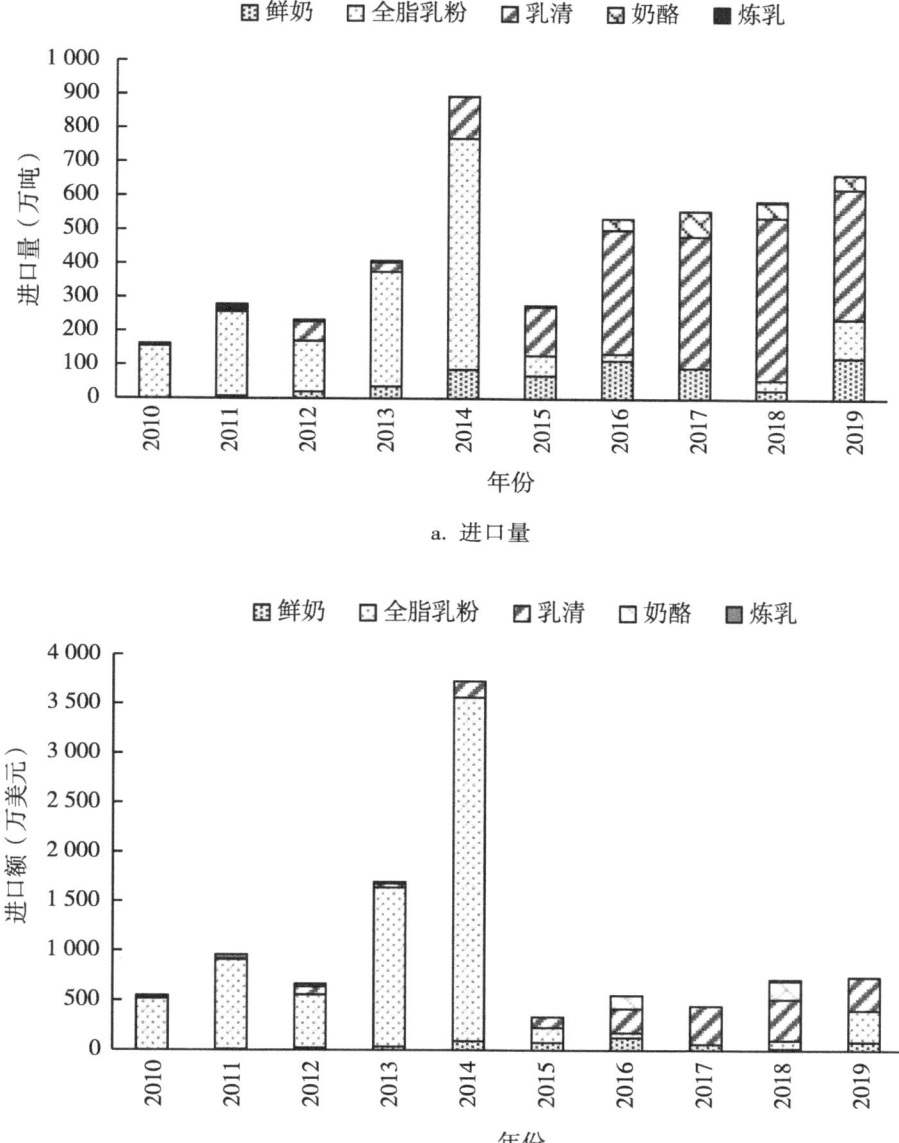

a. 进口量

b. 进口额

图6-15 2010—2019年中国从智利进口乳制品情况

（数据来源：联合国商品贸易统计数据库）

6.2.3 行业交流

智利周是智利政府在中国举办的规模最大、规格最高的官方宣传推介活动,每年邀请中智两国重要领导人以及卓有成就的企业代表参会。2015 年第一届智利周在中国举办,至今智利周已连续举办五届。其中,2017 年智利周"贸易与投资机遇"乳制品行业高峰研讨会在京举行,聚集了众多在海外投资的中国奶业企业,向外界展示了智利在乳制品贸易和投资方面所提供的大量机会。每届智利周活动都会设置相关的农业投资研讨会,为中智奶业交流搭建良好的沟通平台。

6.2.4 政府合作

智利是第一个在中国加入世界贸易组织后同中方签署双边协议、第一个承认中国完全市场经济地位、第一个同中国签署双边自由贸易协定的拉美国家。自 2006 年签订自由贸易协定后,中智两国经贸有了跨越式的发展。2010 年《中华人民共和国政府和智利共和国政府自由贸易协定关于服务贸易的补充协定》正式实施,进一步开放了双方服务市场,改善了投资环境,双边的乳制品贸易量也迅速增长;2014 年,智利与中国签订《中国国家质量监督检验检疫总局与智利共和国农牧业总局关于中国从智利输入种牛的检疫和卫生要求议定书》,一定程度上缓解了中国当时进口牛源日趋紧张的局面,对扭转卖方市场环境、平抑进口种牛价格、满足国内奶业和肉牛业健康快速发展起到了促进作用;2019 年,中国与智利自由贸易协定升级议定书正式生效,两国总体零关税贸易产品比例达到了 95% 以上,两国合作自此迈入新阶段。

此外,2017 年两国在智利设立的国家级农业科技研发和技术示范平台"智利—中国农业科技研发中心",推动了两国农业科研机构的联合研发,促进适用农业技术在中智两国乃至拉美市场的转移和应用,加强了中智科学家交流和人才联合培养。依托平台,双方在种质创新与品种改良、生物经济、生物技术和精准农业等多领域开展合作。

6.3 合作展望

乳业在中国与智利都占有重要地位,但两国处于不同气候带,奶牛饲养方式不同,乳制品消费结构差异明显,乳制品供给具有互补和互利性质。与此同时,智利长期从美国和欧洲进口牛进行遗传改良,奶牛基因优良,疫病较少,引进智利种牛有利于缓解国内奶牛缺口。因此,建议中国进一步加强与智利奶业的合作。

一是加强技术交流。中国可以依托"智利—中国农业科技研发中心"国家级技术示范平台,积极就种质创新与品种改良、乳制品创新以及精准农业等多领域开展合作和交流,通过相关项目的开展,加强奶业人才培养,推动科技成果及产品推向市场。

二是建议两国乳品企业进一步拓展乳业合作领域。目前智利出口到中国的乳制品通过电商渠道销售,电商在新品牌、新商品的销售和推广方面具有很大的优势,成为拉动智利乳制品在华销量的重要渠道,未来可进一步发挥电商优势。国内乳品企业可以结合养殖业等方面的优势与智利的自然资源优势相结合,到智利投资办厂,大力推行"走出去"战略。

三是建议深化中智两国种牛贸易合作。顺畅出口通道,扩大宣传推广,加强与智利在进出口标准检疫检验体系、经济安全与风险防范方面的合作与交流,共同建立风险防范机制,应对外部市场的挑战。

参考文献

任堃,2020. FTA框架下中国与智利农产品贸易发展研究[D]. 石家庄:河北经贸大学.

郑国富,2020. 国内国际双循环相互促进下的中国与智利农产品贸易合作升级[J]. 创新,14(5):65-77.

LLORCA-JAA M, NAZE R R, MORALES D, et al., 2020. Milk and meat consumption and production in Chile, c. 1930−2017: A history of a successful nutrition transition.

RICHARD N, 2018. Industria del queso y sus aspectos culturales en Chile.

VARGAS-BELLO-PÉREZ E, AGUILAR C, TORO-MUJICA P, et al., 2014. Characterization of cheese consumers in Santiago Province, Chile[J]. Ciencia E Investigación Agraria, 41(3):327−335.

7 以色列奶业发展及与中国合作现状

摘　要：以色列奶牛饲养的先天条件比较差，但是依靠自主创新、科技进步和奶业各部门间的有效协调，以色列成为了世界奶业强国。2019年牛奶产量1 500.1百万升，北部和海法区牛奶产量占总产量50%，2020年，奶牛平均年产奶量为12 222千克（乳脂率3.80%，乳蛋白率3.28%），较2019年增加了0.6%，单产水平世界最高。以色列牛奶均由当地的乳品厂加工，且大部分集中在其四大乳品加工厂，乳产品种类丰富。以色列乳品消费结构组成中，液态奶为30%，硬干酪占26%，软干酪占31%，发酵乳和乳制品甜点占12%，奶油占1%。2020年以色列乳品进口规模要远大于乳品出口，其中奶酪份额最大；乳品进口国主要包括荷兰、德国、爱尔兰等。中国从以色列进口大量的挤奶机械，挤奶机械及配件进口额由2010年的699.2万美元增长到了2014年的2 355.8万美元，并稳定在2 000万~2 500万美元。中以乳业未来可在节水环保、挤奶机械、奶牛场智能化管理和奶牛遗传育种方面开展进一步的合作。

关键词：奶业；贸易；合作

以色列地处亚非欧三大洲交界处，国土呈狭长型，分为地中海沿岸狭长的平原、中北部蜿蜒起伏的山脉和高地、南部内盖夫沙漠和东部纵贯南北的约旦河谷和阿拉瓦谷地4个自然地理区域。北部加利利高原海拔1 000米以上，高原与地中海之间大小不等的海滨平原，土地肥沃，是以色列主要农业区。位于东北部的加利利湖面积170平方千米，低于海平面212米，是以色列重要的蓄水库。以色列的气候主要属地中海式气候，夏季炎热干燥，冬季温和湿润，全年平均温度是16~26℃，1月最低温度4~9℃，最高温度9~21℃；8月份最低温度18~25℃，最高温度28~39℃。一年之中，只有2个差别显著的季节：从4月到10月为干旱夏季，11月至次年3月为多雨冬季。降水分布十分不均，北部和中部降水量相对较大，北部年降水量920毫米，南部内盖夫地区年降水量则十分稀少，仅为30毫米。2019年，以色列人口为905.4万人，大多数以色列人信奉犹太教，饮食上遵循犹太饮食法（kashrut），不食用猪肉和贝类、无鳞鱼和食腐动物的肉，肉制品和奶制品餐具不混用。

7.1 以色列奶业基本情况

7.1.1 畜牧业生产

以色列畜牧业较为发达，主要饲养牛、羊（绵羊与山羊）、肉鸡、火鸡、蛋鸡等，家禽业、养牛业都是十分重要的产业部门，畜牧业产值占农业总产值的40%，生产率都较高。其中，2019年家禽业产值占农业产值的19.21%，是禽肉蛋人均消费量全球最高的国家之一（依据联合国食物平衡数据）。2019年，奶牛与肉牛产值在农业总产值中占比为15.08%，奶牛单产世界第一。

以色列结合当地自然条件，还培育出能够适应干旱缺水的农畜新品种。培育出适宜于亚热带养殖的畜禽品种，荷斯坦牛单产由1948年的4吨/（头·年）上升到2020年的12.2吨/（头·年）（乳脂率3.80%，乳蛋白率3.28%）。据统计，2019年以色列主要畜禽产品中肉鸡产量49.25万吨，鸡蛋产量为2 169.97百万枚，牛奶产量15.00亿升，奶牛养殖主要集中在北部和海法区、耶路撒冷和南部地区，其中，北部和海法区牛奶产量占总产量50%，耶路撒冷和南部地区占34.13%（表7-1）。

表7-1 2019年以色列主要畜禽产品产量

区域	家禽			乳品（万升）	
	火鸡（万吨）	肉鸡（万吨）	鸡蛋（百万枚）	羊奶	牛奶
北部和海法区	4.58	22.75	1 539.52	1 873	741 381
中央和特拉维夫区	0.64	3.60	340.70	197	207 781
耶路撒冷和南部地区	3.29	21.69	264.96	248	512 031
犹太和撒玛利亚地区	0.44	1.21	24.78	36	3 891
总计	8.96	49.25	2 169.97	2 354	150 011

资料来源：以色列中央统计局。

7.1.2 奶牛养殖

以色列水源和饲料资源缺乏，奶牛饲养条件比较差，但是依靠自主创新、科技进步和奶业各部门间的有效协调，成为了世界奶业强国。奶牛养殖方式为舍饲，具体表现在"三高""两低"和"四效"，"三高"即奶牛单产高、生鲜乳脂肪和蛋白质含量高；"两低"是生鲜乳细菌总数和体细胞数低；"四效"是高产增效、节本增效、优质增效、环保控制有效。

以色列奶牛养殖存栏自 1990 年以来呈现波动式上升态势,而奶牛单产则持续增长,2009 年奶牛单产首次达到 12 吨/(头·年)以上,近五年奶牛单产平均为 12.3 吨/(头·年)(图 7-1)。奶牛存栏从 1990 年的 7.3 万头,持续增长到 2001 年的 9.28 万头;2001—2006 年,牛奶配额基本稳定在 1 150 百万升,奶牛存栏出现了小幅下降,由 9.28 万头减少为 8.41 万头,但奶牛单产从 10.86 吨/(头·年)增长到了 11.53 吨/(头·年)。2006—2018 年,牛奶消费需求随着人口持续增长而增加,生鲜乳配额从 1 130 百万升增加到了 1 520 百万升,奶牛单产从 11.53 吨/(头·年)增加到了 12.26 吨/(头·年),单靠奶牛单产的增长无法满足牛奶消费需求的增长,因而奶牛存栏也出现了增长,由 8.41 万头增长到了 10.44 万头。为了解决牛奶价格较高的问题,以色列政府推动落后产能退出,通过适度进口乳品满足消费需求等措施,促使奶牛养殖规模在近两年再一次出现下降,2020 年奶牛存栏为 9.53 万头。

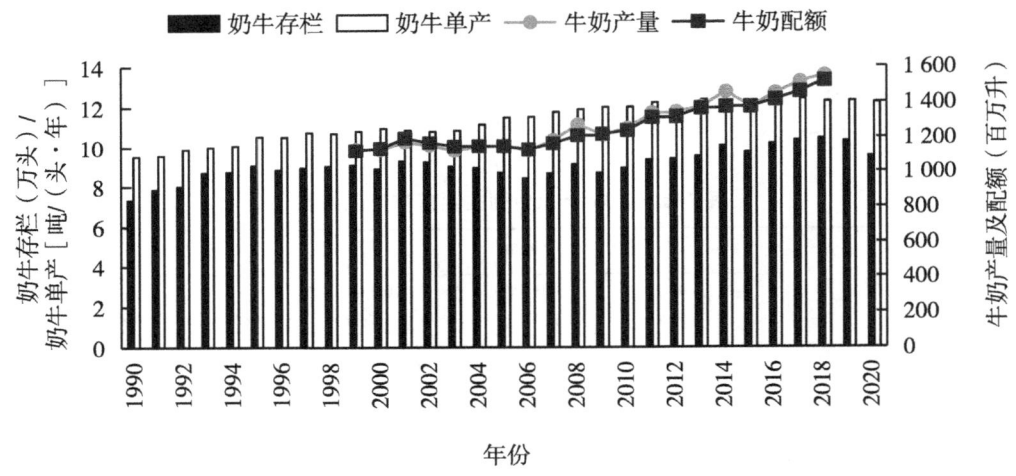

图 7-1 1990—2020 年以色列奶牛存栏及单产变化

(数据来源:奶牛存栏及单产来源于 Israeli Cattle Breeders' Association,
牛奶产量及配额来源于 Israel Dairy Board)

2019 年以色列畜牧业产值为 19.26 亿美元,占农业总产值的 40.26%,其中,生鲜乳产值占畜和畜产品产值的 10%,提供国内乳及乳制品需求量的 80%。2020 年生鲜乳总产量预计为 16.06 亿升,比 2019 年增长 1.4%。2020 年,奶牛单产 12.22 吨/(头·年)(乳脂率 3.80%,乳蛋白率 3.28%),较 2019 年略有下降,乳脂和乳蛋白年均产量则分别由 2019 年的 458.31 千克和 399.33 千克增加到 2020 年的 464.44 千克和 400.88 千克。以色列奶牛单产仍然是世界上最高的(图 7-2)。牛奶产量约占奶类产量的 97%,增加了 1.4%;羊奶产量约占奶类产量的 3%,减少了

1.4%。2020年奶业产值约为4.95亿美元，增长了1.5%，约占农业总产值的10.5%，生鲜乳价格保持不变。

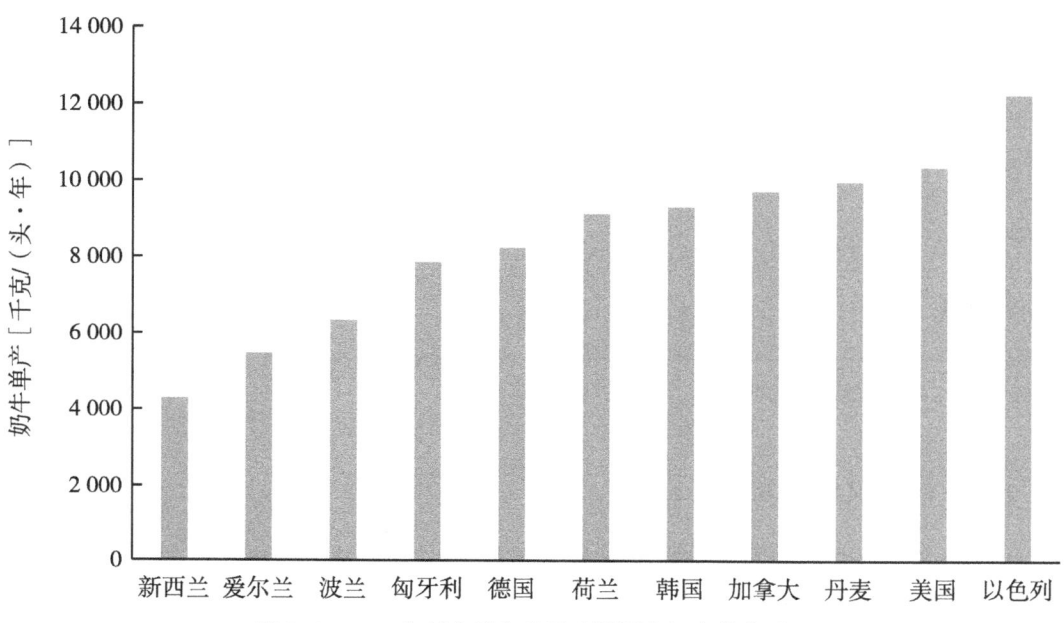

图7-2　2019年以色列与世界主要国家奶牛单产对比

［资料来源：The International Committee for Animal Recording（ICAR）& Israeli Cattle Breeders' Association］

以色列奶业生产形式包括合作农场（Kibbutz）、家庭农场（Moshav）和农业院校农场。基布兹是犹太人希伯来语的"集体定居点"的音译，是以色列的一种集体社区，该社区自给自足，没有私人财产，奉行公有平等自愿的原则。1948年以色列建国，实行私有制的社会制度，但承认基布兹的公有制形式。"莫沙夫"形成晚于"基布兹"，是"基布兹"修正模式的新型合作组织，该组织更重视单个家庭的作用，已经成为以色列最流行的农业社区模式，"莫沙夫"是一个约60户人家的村庄，由独立的家庭农场组成的合作定居地，每户人家拥有自己的房屋和土地，自给自足。每户人家均从属于"莫沙夫"集体，就地组织自己的产品市场，进行农资交易，以联合的形式负责供销，并提供教育、医疗和文化服务。

2007—2020年以色列奶牛场的总数在不断减少，从2007年的1 010个减少到2020年的697个，减少了313个，下降比例为20.99%，主要为家庭农场数量的减少，从2007年的830家下降到2020年的521家，下降了37.2%；其他类型农场数量变化不大。但场均产奶量则呈现持续增长的趋势，由2007年的1 174千升增长到2020年的2 182千升，增长了85.86%（表7-2）。

表 7-2 2007—2020 年以色列奶牛场数量

农场类型	2007年	2008年	2009年	2010年	2011年	2012年	2013年	2014年	2015年	2016年	2017年	2018年	2019年	2020年
家庭农场（Moshav）	830	811	787	774	776	762	756	657	625	598	583	573	547	521
合作农场（Kibbutz）	165	165	167	163	163	163	164	163	162	162	163	164	163	163
农业院校农场	15	15	15	15	15	15	15	14	14	14	13	13	13	12
农场数量合计	1 010	991	969	952	954	940	935	834	801	774	759	750	723	697
场均产奶量（千升）	1 174	1 285	1 256	1 315	1 403	1 430	1 438	1 746	1 713	1 873	1 994	2 065	2 075	2 182

数据来源：Israel Dairy Board。

7.1.3 奶业区域布局

以色列奶业生产从行政区域上来看，约有 50% 由北部和海法区生产，这主要是由于这两个地区淡水资源相对丰富，而奶牛养殖耗水较大所致。耶路撒冷和南部地区占 34.13%，中央和特拉维夫区占 13.85%，犹太和撒玛利亚地区占 2.59%。从细分地理区域上来看，以色列奶牛养殖比例较高的区域包括马拉基地区占比 10.57%，伊兹尔山谷和约恩阿姆地区占比 9.92%，贝索尔地区占比 8.24%，贝索尔地区占比 8.24%，下加利利东部和科哈夫高原占比 7.47%，贝特谢恩谷和哈罗德谷占比 6.55%，阿什杜德和阿什基隆地区占比 5.86% 和纳哈里亚和阿科地区占比 5.14%（表 7-3）。

7.1.4 生鲜乳销售

(1) 生产配额制

以色列政府高度支持和保护奶业，包括从生鲜乳的生产到零售之间的全部环节。牛奶生产配额制度及相应生鲜乳定价制度不仅对稳定供给和保护奶农利益发挥积极作用，而且对稳定市场供需价格，提高生鲜乳质量和稳定奶牛养殖规模也同样发挥了重要的作用。1962 年以色列将生产配额制度引入牛奶生产中，当时的目的是为了避免产量过剩带来的负面影响，确保自我供给和奶农收入。2011 年 3 月以色列议会通过"牛奶法"，该法确定了乳制品行业涉及的所有实体的权利（特别是奶农的权利）问题和牛奶配额系统，并定义了支付生鲜乳生产商的"目标价格"，这标志着以色列以法律形式确定了牛奶生产配额制度。

表 7-3 2019 年以色列各区产奶量占比

区　域	牛奶产量占比（%）	区　域	牛奶产量占比（%）
朱迪亚山脉	0.24	西沙龙	4.70
犹太山麓	0.75	东沙龙	1.69
呼拉河谷和哈索地区	1.73	南沙龙	0.80
金纳罗	2.69	蒂克瓦地区	0.97
下加利利东部和科哈夫高原	7.47	拉姆拉和莫迪恩地区	2.92
贝特谢恩谷和哈罗德谷	6.55	雷霍沃特地区	2.64
伊兹尔山谷和约恩阿姆地区	9.92	特拉维夫里松莱齐扬	0.06
梅纳什高原	2.05	马拉基地区	10.57
拿撒勒-提兰山脉	3.34	拉基什地区	0.62
谢法尔阿姆和卡尔米埃尔地区	0.22	阿什杜德和阿什基隆地区	5.86
耶希安和埃隆地区	1.04	杰拉尔地区	3.23
纳哈里亚和阿科地区	5.14	贝索尔地区	8.24
海法，齐赫隆·雅科夫和亚历山大山地区	4.10	贝尔舍瓦以及北纳格夫山区	2.79
卡梅尔海岸	0.80	阿拉瓦和死海地区、南部纳格夫山区	3.54
哈德拉地区	2.22	犹太撒玛利亚地区	3.11

资料来源：以色列中央统计局。

在牛奶生产配额实施方面，每年的牛奶配额由农业与农村发展部根据对国内牛奶消费的预测，同时考虑乳制品的消费需求，依据人口增长、收入增长以及不同乳制品的消费要求来确定。以色列奶业协会负责配额制度的实施，而且这种配额制度是与政府生鲜乳定价机制相挂钩的，配额以内生鲜乳按"目标价格"保证收购，超出配额的牛奶实行降价支付，对"夏季"（4—10 月）超过配额的牛奶按照目标价格的 90% 支付；在"冬季"（11 月至翌年 3 月），对超过配额的过剩牛奶按照目标价格的 75% 支付。

（2）定价机制

以色列奶价根据每升牛奶的生产成本进行计算，由独立的特别委员会通过随机调查奶农群体来核对牛奶生产成本，然后每季度复查一次，包括饲料费用、劳动力、管理费用及其他费用（图 7-3）。以色列奶牛养殖协会负责生鲜乳的第三方检测工作，奶样检测的结果每天上午送达乳品加工企业，并保留奶样。乳品加工企业依据检测结果计价向奶牛场支付奶款,如有争议,对留样进行复检,并作出仲裁。具体计价项目及标准包括:体细胞25万~30万/毫升,细菌数3.1万~10万/毫升,乳脂率3.69%,乳蛋白率3.23%。体细胞标准分为优质+、优质、A级、B级、C级和D级6个等级,低于25万/毫升奖励,高于30万/毫升处罚,高于70万/毫升则拒收。细菌数分为优质、A级、B级和C级4个等级,低于3万CFU/毫升奖励,高于10万CFU/毫升处罚(表7-4)。

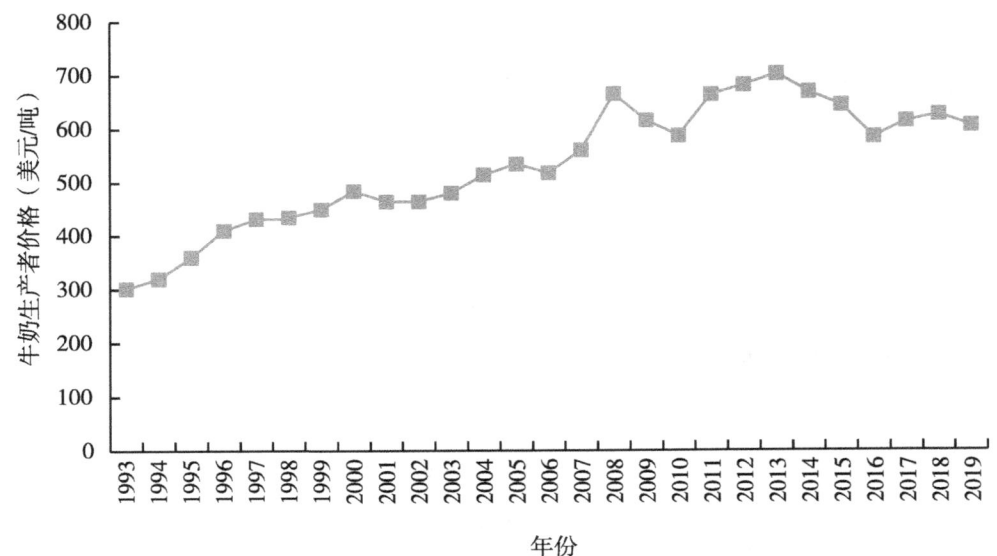

图7-3 1993—2019年以色列生鲜乳价格

(数据来源:FAO)

表7-4 以色列生鲜乳体细胞数及细菌数分解标准

等级	体细胞数标准 (个/毫升)	奖惩	细菌数标准 (CFU/毫升)	奖惩
优质+	≤14万	奖励1.6%		
优质	14万~25万	奖励0.6%	≤3万	奖励
A级	25万~30万	正常价格	3.1万~10万	正常价格
B级	30万~37.5万	罚2%	10.1万~15万	罚3%
C级	37.5万~45万	罚7%	>15万	第一次查出罚6%, 第二次罚8%,第三次罚10%
D级	45万~70万	罚8%	—	—

数据来源:张志民,2018。

鉴于牛奶生产中乳脂和乳蛋白含量与需求之间存在差异,以色列乳品委员会于2020年调整了2021—2022乳脂乳蛋白的价格比率,由2020年的40∶60提高到2022

年的45∶55。这种以质论价、奖罚分明、定额收奶的政策，引导牧场主在提高单产、提升质量、降低成本、实现经济效益最大化上下功夫。

（3）价格支持

价格支持政策一直是以色列农业政策的重要组成部分，目前仍对奶业采取这类政策，包括生产配额最低保护价和过剩消化计划补贴等。在奶业重建和牧场环保方面国家给予一定支持，并提供免费的技术推广服务。

2018年10月，政府与农民签署协议，对乳制品行业进行全面改革。改革纲要包括降低目标价格、进一步降低关税、支持农民退出乳品生产、出台提高奶牛场效益补贴等内容。改革进程旨在通过扩大乳制品经营的平均规模，实现行业结构的变革。

2021年，以色列政府与以色列奶农达成为期3年的新协议（到期可延长2年），旨在规范以色列牛奶市场，并对奶制品和奶酪产品的价格产生直接影响。该协议规定了每升牛奶向生产商支付的价格，以及奶酪进口配额。

7.1.5 乳制品加工

以色列牛奶大部分由四大乳品加工厂完成，其余的流向大约100家中小型乳品加工厂，被加工成1 000多种不同的乳制品。以色列第一大工业乳品厂为"特努瓦"，由一个农民合作社于1926年建立，从那时起，特努瓦一直是以色列最大且领先的乳制品加工商。以色列第二大乳品加工厂塔拉，也是由一个奶农合作社于1942年成立的。第三和第四大乳品厂最初是小型的家族式乳品农场，其中施特劳斯成立于1938年，盖德成立于1980年。

7.1.6 乳制品消费

1990年以来，以色列牛奶人均年消费量平均为187千克，从年度变化看，1995年牛奶人均消费量达到最高，为211千克。然后出现了下滑，在2006年达到了最低值163.5千克（图7-4），这种变化的原因包括牛奶配额制限制了牛奶生产，期间产奶量变化不大；乳品进口高关税限制了乳品的进口；人口处于持续增长的态势，这些因素叠加导致乳品供给不足，人均消费量下降。

据以色列乳品协会统计，以色列乳品消费结构组成中，液态奶为30%，硬干酪占26%，软干酪占31%，发酵乳和乳制品甜点占12%，奶油占1%。最受欢迎的乳制品是软白色奶酪，用作涂抹剂，脂肪含量低。以色列人民来自世界各地，带来了广泛的口味和风味以及各种文化影响，反映在乳制品中表现为以色列生产的乳制品种类丰富。民族、历史和宗教原因影响了人们的饮食习惯，以色列乳制品人均消费量维持在200千克/年左右，远高于世界平均水平（107千克/年），低于美国（290千克/年）和欧盟27国及英国的平均消费量（320千克/年）。

图 7-4　1990—2019 年以色列人均牛奶消费量

（数据来源：FAO 和以色列中央统计局）

7.1.7 奶业贸易

以色列总体上采取自由贸易政策，与美国、欧盟等国家和地区签署了自由贸易协议，是世界贸易组织成员。目前以色列实施进口限制的领域主要包括农产品、食品、医疗产品、化学产品以及涉及安全的产品等。限制方式主要包括高关税、季节调节税（主要是水果和蔬菜）、各种进口税费、保障措施、关税配额和数量限制、许可证、卫生和植物检疫、安全、环保、技术标准等。对含脂肪1.5%以上的牛奶和奶油等少数农产品实行数量限制。

政府使用高关税来保护本国奶业发展。在1999年，税率甚至高达60%以上。随着以色列农业政策的改革和WTO规则的约束，乳制品的关税保护水平也在逐年降低，2012年已降低到35%左右，比1999年下降了一半。但与经合组织国家平均水平来比还是高，高出3倍左右。然而，为了降低生活成本，以色列政府正在慢慢放开乳制品贸易。2018年10月28日，以色列财政部和农业部与以色列农民协会、以色列奶农协会和以色列乳制品协会签署了一份乳制品改革原则协议，包括逐步降低一些关税和增加一些配额。以色列乳品出口规模不大，主要以奶酪、乳清为主，2020年出口额分别为716.5万美元和113.1万美元；乳品进口规模要远大于出口，2020年进口额为2.21亿美元，其中奶酪份额最大，为7 617.3万美元，另外主要包括婴幼儿配方乳粉5 380.4万美元，黄油4 967.2万美元及非浓缩奶油3 570.2万美元（表7-5）。

7 以色列奶业发展及与中国合作现状

表 7-5　2005—2020 年以色列乳品贸易情况

单位：万美元

年份	出口额								进口额						
	浓缩奶油	非浓缩奶油	乳清	酪乳	黄油	奶酪	婴幼儿配方乳粉	浓缩奶油	非浓缩奶油	乳清	酪乳	黄油	奶酪	婴幼儿配方乳粉
2005	1.1	279.4	704.5	131.3	—	432.8	89.8	—	1901.5	228.9	3.8	120.5	922.8	444.0
2006	0.3	281.1	344.5	110.3	—	524.6	22.2	—	1788.2	334.1	4.0	183.7	951.6	282.8
2007	0.9	72.6	378.7	49.3	—	624.2	48.3	—	3644.0	354.4	7.7	156.3	1033.3	221.0
2008	0.1	152.7	372.6	80.8	310.8	578.3	109.2	—	3979.1	580.9	10.6	260.5	1164.9	509.9
2009	—	472.5	279.9	177.4	328.6	743.8	265.0	—	1927.9	290.5	5.1	200.7	1101.8	367.6
2010	—	23.3	329.1	187.8	18.7	697.5	274.6	0.1	3161.9	303.5	11.1	750.3	1457.5	312.8
2011	—	16.2	597.0	209.4	10.8	818.2	203.8	—	4153.8	283.7	33.3	910.3	1668.0	437.9
2012	—	265.2	520.5	159.4	15.5	805.4	182.7	—	2737.7	274.9	9.2	653.8	1998.9	492.5
2013	0.2	0.2	497.6	296.6	16.7	776.4	195.2	—	2887.0	292.8	24.1	776.1	2157.9	953.3
2014	0.2	783.6	520.0	166.9	12.1	783.0	182.3	—	3170.3	383.0	25.7	631.8	3390.6	850.4
2015	0.2	549.1	134.9	59.0	25.8	771.3	150.4	10.2	2338.2	346.1	34.4	656.1	3723.8	1554.8
2016	1.5	36.1	88.2	60.3	38.7	723.4	142.1	13.5	2372.2	276.0	32.3	1128.5	4636.0	2457.4
2017	0.2	9.1	19.1	53.1	33.2	777.0	144.2	17.8	2982.8	301.9	38.9	1236.1	5547.8	1531.0
2018	0.9	213.4	52.2	49.7	18.2	765.5	127.0	5.7	2716.9	355.2	127.9	1384.9	5922.8	5598.4
2019	2.5	1.4	46.0	40.3	30.7	727.4	113.1	17.1	2983.4	237.6	204.2	2839.9	6622.1	5635.3
2020	0.3	—	113.1	6.2	0.2	716.5	25.9	82.7	3570.2	222.0	307.0	4967.2	7617.3	5380.4

资料来源：联合国商品贸易统计数据库。

为了保障乳品供给,自2007年起,以色列开始逐步加大乳制品进口,进口乳品占消费量的比重由2006年的不足1%增加到2007年的3%左右,并在2014年之后进一步增长,2020年约为10%(图7-5)。

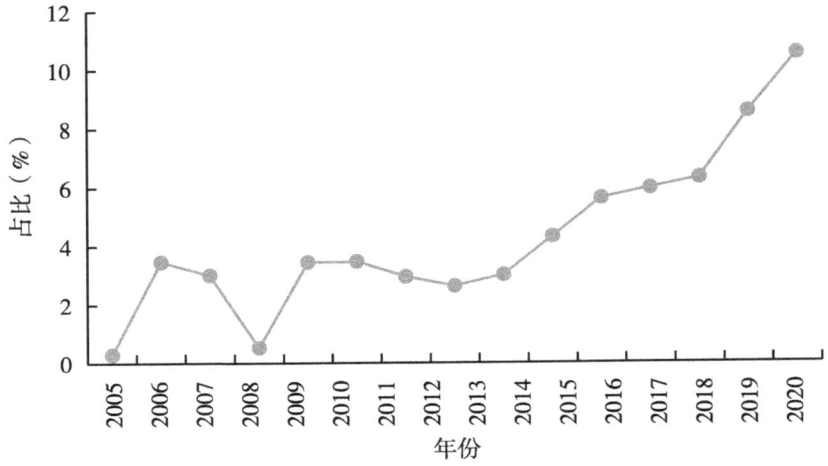

图7-5 2006—2020年以色列进口乳品在乳品消费中的比例
(数据来源:FAO和联合国商品贸易统计数据库)

据联合国进出口数据,2019年,以色列前10个乳制品进口来源国依次为荷兰、德国、爱尔兰、波兰、乌克兰、法国、意大利、美国、比利时和西班牙。其中,从荷兰进口各类乳品7 012.8吨,进口额为3 599.3万美元,进口量较大的为婴幼儿配方乳粉和奶酪;从德国进口的乳品主要为乳粉和脱脂乳粉;从爱尔兰主要进口婴幼儿配方乳粉和奶油(表7-6)。

表7-6 2019年以色列进口乳品排名前10国家

排名	国家	进口量(吨)	进口额(万美元)
1	荷兰	7 012.9	3 599.3
2	德国	5 628.5	1 784.2
3	爱尔兰	5 434.1	3 610.4
4	波兰	4 565.3	1 959.3
5	乌克兰	3 697.8	1 321.0
6	法国	2 446.4	936.9
7	意大利	2 295.2	1 062.9
8	美国	2 221.1	836.1
9	比利时	1 721.3	675.7
10	西班牙	1 368.4	4 415 000.0

资料来源:联合国商品贸易统计数据库。

在奶牛遗传资源贸易方面，总体看，以色列奶牛遗传资源以进口为主，2000 年前以进口种畜为主，2000 年以后逐渐以进口冻精为主，近年来呈现增长趋势，进口额由 2010 年的 52 万美元增长到 2020 年的 100 万美元左右。据粗略估计，目前以色列从国外进口冻精规模约为其总规模的 30%，以改良其奶牛性能（图 7-6）。以色列奶牛冻精出口额在 2011 年较高，为 45.7 万美元，近年来呈现下降趋势，维持在 20 万美元左右。

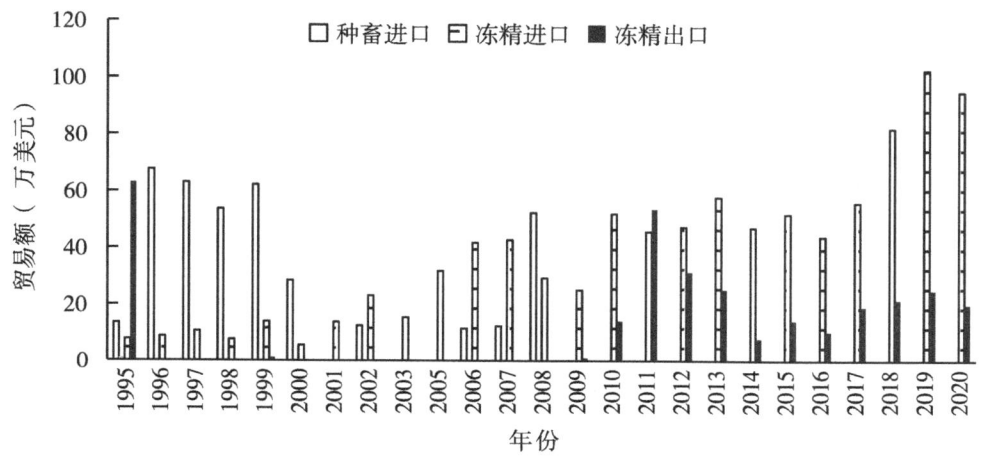

图 7-6　1995—2020 年以色列奶牛种畜及冻精进出口情况

（数据来源：联合国商品贸易统计数据库）

7.2　中国与以色列奶业合作现状

7.2.1　政府间合作

中以两国农业部积极推动奶业产业领域合作，建立了中以农业联合研究基金项目。2010 年由中以两国农业部的国际合作部门牵头研究制定了中以农业合作十年规划，进一步拓展和深化了中以农业合作领域。2018 年 11 月 15 日，中国—以色列农业创新合作部长级会议就推进中以农业领域创新、全面伙伴关系建设进行了深入交流，在乡村振兴、农业绿色发展、农业科技研发和成果转化等领域加强合作。

7.2.2　协会间交流合作

协会间交流以培训、考察及互访为主要合作形式，推动两国奶业企业和人员的交流与合作。2012 年 11 月 13 日，以色列驻华大使馆农业参赞尤博恩和商务参赞贺华夫一行到访中国奶业协会，交流中以奶业发展情况，分享中以奶业合作成就，探讨了中以今后交流与合作的前景。2015年9月7日，中以两国奶业协会决定进一步加强中以奶业及协会间的交流与合作。加强育种、培训、考察、管理系统或软件，特别是奶业数据库系统建设和维护方面的交流与合作，中以奶业协会积极推动两国奶业企业间的交流与合作。

7.2.3 企业间交流合作

以色列利用先进奶牛养殖技术和设备与中国合作建立示范牧场，2001年，中国与以色列建交后启动的第一个农业合作项目——中以奶牛养殖项目，首农畜牧中以示范牧场成为中以奶牛合作的首个示范项目。随着中以农业合作项目在中国的推进实施，阿菲金挤奶机和牧场管理软件在中以示范牧场安装，使用后的第一年奶牛单产创纪录达到11 072千克。此后陆续有多个牧场引入以色列牧场管理系统和管理模式，提升牧场管理技术水平。

中国光明食品集团收购以色列乳品企业特鲁瓦，开启了中国企业走进以色列开展合作的新篇章。双方通过在技术、资源、市场、渠道等方面对接协同，把更好的技术引入国内农场，利用特鲁瓦技术优势，结合现代观光农业、体验农业、智慧农业等应用场景，在相关产业的高端技术研发上不断深入细化。

在培训交流方面，2012年9月，"马沙夫"培训计划在黑龙江、湖北等地就以色列奶牛养殖概况、奶牛繁殖管理、奶牛饲养管理、奶牛的TMR营养管理、热应激管理、牛场设计及常见疾病的预防和控制等内容开展培训。光明、飞鹤等大型乳品企业派遣奶牛养殖技术人员前往以色列考察、学习，旨在提升牧场生产管理水平，促进奶业健康持续发展。

7.2.4 贸易合作

中以之间乳品贸易规模较小，2019年以色列从中国进口婴幼儿配方乳粉16.5吨，约合11.2万美元，向中国出口3 755千克乳清及少量奶酪，总计6 000美元。中国从以色列进口了大量的挤奶机械，2010年以来，挤奶机械及配件进口额不断增长，由2010年的699.2万美元增长到了2014年的2 355.8万美元，之后年进口额稳定在2 000万~2 500万美元（图7-7）。

7.3 合作展望

一是推动两国奶牛养殖技术深入交流，近年来，我国奶牛养殖业的环保和水资源压力日益加大，可深入研究以色列在水资源极度匮乏的情况下取得奶牛单产水平世界

图 7-7 中以挤奶机械及配件进出口情况
（数据来源：联合国商品贸易统计数据库）

最高成就的经验，进一步提升我国奶牛养殖技术水平。二是推动两国在奶牛挤奶机械、奶牛场管理信息系统方面开展交流合作，以色列在挤奶机械、奶牛个体生产性能数据采集、牛场信息化、智能化管理系统方面具有领先优势，我国奶牛养殖企业和设备制造企业应积极开展交流合作。三是推动两国在遗传育种、品种改良领域的合作，深化双方在种牛、精液和胚胎等遗传物质方面的交流。四是我国在生鲜乳价格制定机制方面可借鉴以色列，综合考虑乳业生产成本、生鲜乳品质、优质优价、劣质惩罚的模式，探索形成乳业相关从业者间的利益联结机制，通过多种方式提高我国奶业生产水平和乳品品质安全，推动奶业可持续发展。

参考文献

曹暕，祁敏，赵娜，等，2015. 以色列奶业政策分析及对我国的启示[J]. 中国奶牛（21）：52-57.

栾敬东，施海波，2014. 发达国家牛奶生产配额政策及其启示[J]. 农业经济问题，35（9）：103-109.

以色列牛奶委员会，2020-12-06[2021-7-20]. חלבון בין המחירים יחס עדכון ושומן [EB/OL]. https://www.halavi.org.il/wp-content/uploads/2020/12/ושומן-חלבון-בין-המחירים-יחס-עדכון.pdf.

张眉，2014. 以色列奶业发展的基本经验与启示[J]. 畜牧兽医杂志，33（6）：59-61.

张志民，2018. 奶业强国的发展之路——以色列奶业考察报告[J]. 中国乳业

(4):9-16.

中国奶业考察团,刘成果,2008.以色列、奥地利奶业生产考察报告[J].中国奶牛(2):56-60.

中华人民共和国对外经济贸易部,[2021-6-13].以色列国家概况[EB/OL].http://www.mofcom.gov.cn/dl/gbdqzn/upload/yiselie.pdf.

JERUSALEM POST STAFF,[2021-7-25]. New agreement reached by gov't with Israel's dairy farmers[EB/OL].

Kraus M,2018. The Israel Dairy Sector[R]. Israel Dairy Board.

OECD,2019.Agricultural Policy Monitoring and Evaluation 2019[M],Paris:OECD Publishing,277-289.

UN Comtrade,[2021-06-13].以色列奶牛遗传物质及挤奶设备进出口数据[EB/OL]. https://comtrade.un.org/db/dqQuickQuery.aspx.

8　丹麦奶业发展及与中国合作现状

摘　要：丹麦是欧盟地区重要的畜产品生产国，是欧洲国家乳制品、肉类重要供应国，该国生产的2/3农牧产品用于出口。近年来丹麦的奶牛养殖场数量不断减少，但养殖规模的逐步扩大保证了先进技术的应用，奶牛单产不断提高，生鲜乳产量稳中有增；乳制品加工业经历集中和整合后，目前只有24家乳制品加工企业，包括合作社和私营两种形式。为了产业链的健康发展，丹麦乳品企业均设定了合理的奶价制定机制，且为牧场提供了高效的第三方服务；丹麦乃至欧洲地区的消费者具有良好的乳制品消费习惯，但液态奶消费趋于饱和，奶酪消费增长明显。在乳制品贸易方面，丹麦始终保持净出口状态，丹麦最大的乳制品市场是欧盟地区的其他国家，多年来，中国和丹麦之间已经形成了良好的奶业合作关系，未来两国之间将进一步加强和拓宽奶业合作，推动中国奶业的全产业链建设，以促进两国奶业产业研究和可持续发展等各方面的发展。

关键词：丹麦；奶业；奶牛养殖；乳制品加工；贸易；中丹合作

丹麦王国，简称丹麦，北欧五国之一，位于欧洲北部波罗的海至北海的出口处，是西欧、北欧陆上交通的枢纽，被称为"西北欧桥梁"。北部隔北海和波罗的海与瑞典和挪威相望，并与之合称为斯堪的纳维亚国家，南部与德国接壤，拥有两个自治领地——法罗群岛和格陵兰，国土面积约4.3万平方千米。根据丹麦统计局数据，2020年全国人口为583.7213万，人口密度为135.7人/平方千米。丹麦全境地势平缓，最高点海拔仅173米，全年气候温和，夏天气温适宜，冬季严寒持续的时间很短，年均气温16.4℃，年降水量664毫米，各地降水量的分布不均匀。丹麦农业高度发达，全国各地区土壤条件差异较大，有利于不同农产品的生产。丹麦的经济贸易较发达，贫富差距较小，根据丹麦统计局的官方数据，2020年丹麦的国内生产总值（GDP）为3 676.05亿美元，人均GDP超过6.3万美元。

8.1 丹麦奶业基本情况

8.1.1 畜牧业生产

丹麦畜牧业较为发达，饲养的畜禽品种主要有奶牛、肉牛、生猪、鸡等。2006年以来，家禽存栏量稳中稍有增，羊的存栏量逐渐下降，猪和奶牛的存栏量基本保持稳定；牛奶产量逐年增加，牛肉产量略有下降，猪肉产量稳定在一定水平，禽肉产量稳中有增（表8-1）。丹麦统计局数据显示，2020年，奶牛、生猪、羊和家禽存栏量分别为57万头、1316万头、14万只和2213万只；牛奶、牛肉、猪肉、鸡蛋产量分别为574万吨、13.23万吨、195万吨和7.7万吨。

表8-1 丹麦畜牧业生产情况

项目	2006年	2010年	2015年	2016年	2017年	2018年	2019年	2020年
牛奶（万吨）	463.0	491.0	536.0	545.0	557.0	569.0	569.0	574.0
牛肉（万吨）	14.0	14.2	13.5	14.2	13.5	14.2	13.7	13.2
猪肉（万吨）	195.7	197.4	195.4	194.3	189.6	196.7	186.4	195.5
禽肉（万吨）	18.48	19.3	18.7	19.8	19.2	19.1	21.2	20.5
鸡蛋（万吨）	5.1	5.5		6.6	6.8	6.9	7.4	7.7
牛（万头）	153.0	157.0	155.0	157.0	155.0	154.0	149.0	150.0
奶牛（万头）	55.0	57.0	56.0	57.0	57.0	58.0	57.0	57.0
生猪（万头）	1 336.0	1 317.0	1 254.0	1 238.0	1 231.0	1 278.0	1 230.0	1 316.0
羊（万只）	17.0	16.0	14.0	15.0	15.0	14.0	15.0	14.0
禽类（万只）	1 742.0	1 873.0	1 752.0	1 850.0	2 148.0	1 997.0	2 306.0	2 213.0

数据来源：丹麦统计局。

8.1.2 奶牛养殖

牛奶产量的增长主要源于奶牛单产的不断提升。1980—2020年，丹麦牛奶产量总体呈增长趋势，从511.7万吨增长至574.5万吨，增长了21.15%；但奶牛存栏从103.9万头下降至56.7万头，降低了45.43%；而单产则从4 924.9千克/（头·年）增长至10 131.6千克/（头·年），增长超过一倍（图8-1）。

牧场集约化程度不断提高。1982—2020年，奶牛养殖场数量持续下降，从3.7万家下降至2 640家，2020年养殖场数量不足40年前的10%。但平均养殖规模持续

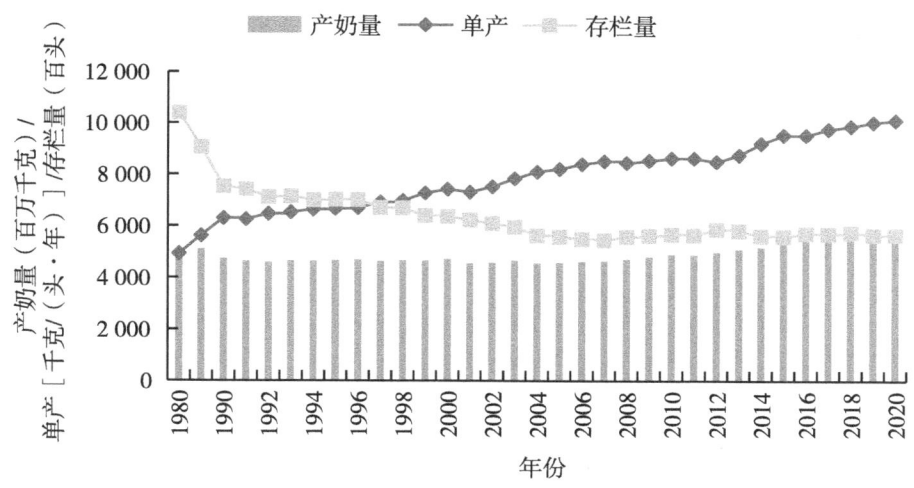

图 8-1　1980—2020 年丹麦奶牛存栏量、单产及生鲜乳产量
（数据来源：丹麦统计局）

提升，从 1982 年的 26.97 头/家到 2020 年 215 头/家，增长了将近 7 倍（图 8-2）。

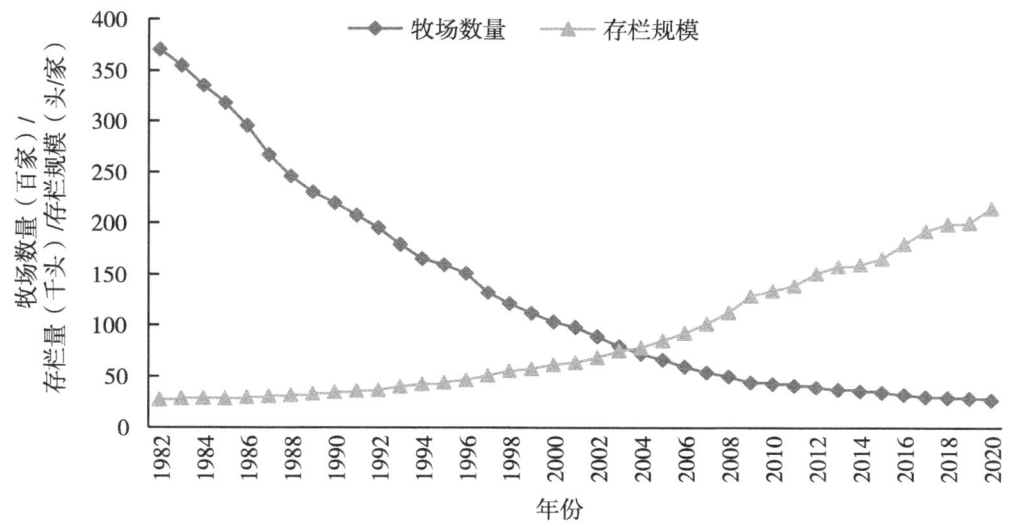

图 8-2　丹麦 1982—2020 年牧场数量及牧场存栏规模情况
（数据来源：丹麦统计局）

养殖场数量下降主要由于小规模牧场数量大幅下降所致。占地 50 公顷以下的牧场数量总体呈持续下降趋势，在 2006 年之后趋于稳定。50~74.5 公顷的牧场数量在 1996 年之前趋于稳定，1996—2008 年持续大幅下降，2009 年之后下降趋缓。75~99.9 公顷和 100~199.9 公顷的牧场数量分别在 1996 年和 2006 年之前呈持续增长趋势，之后稳定几年后，开始持续下降。200 公顷以上的牧场数量则一直呈增长趋势，在 2006 年之后增长尤为明显（图 8-3）。

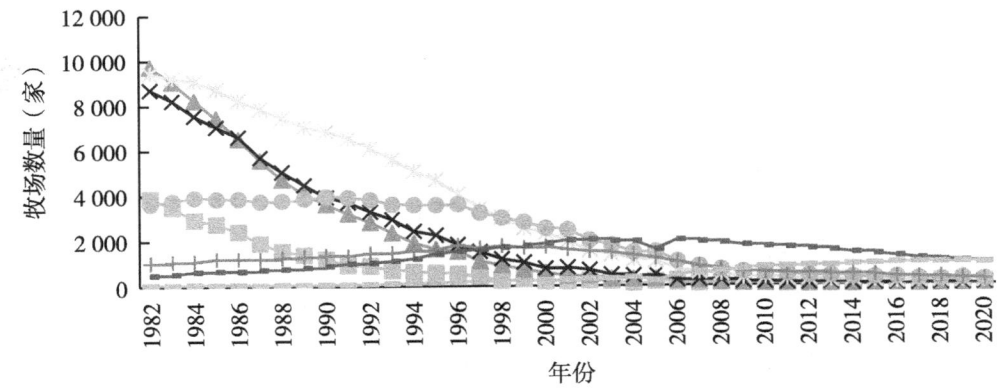

图 8-3　1982—2020 年不同占地面积牧场情况
（数据来源：丹麦统计局）

奶牛存栏量在 2006 年之后趋于稳定，主要由于大规模牧场的比重增加。1980—2005 年，奶牛养殖存栏年均降速 1.76%，2006 年之后存栏下降趋缓，2006—2020 年年均降速 0.81%（图 8-4）。2006 年之后主要是由于占地 200 公顷以上牧场存栏量及牧场数量的持续增长及存栏 100 头以上牧场存栏量的持续增长抵消了其他规模牧场的下降（图 8-5）。

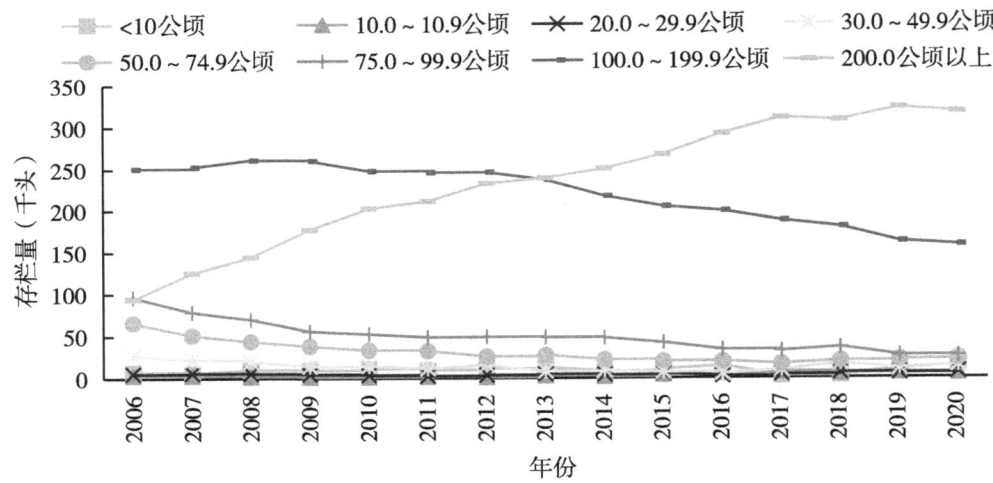

图 8-4　2006—2020 年不同占地面积牧场存栏量情况
（数据来源：丹麦统计局）

奶牛养殖主要集中在西部地区。2020 年，丹麦 5 个主要地区奶牛存栏量情况如

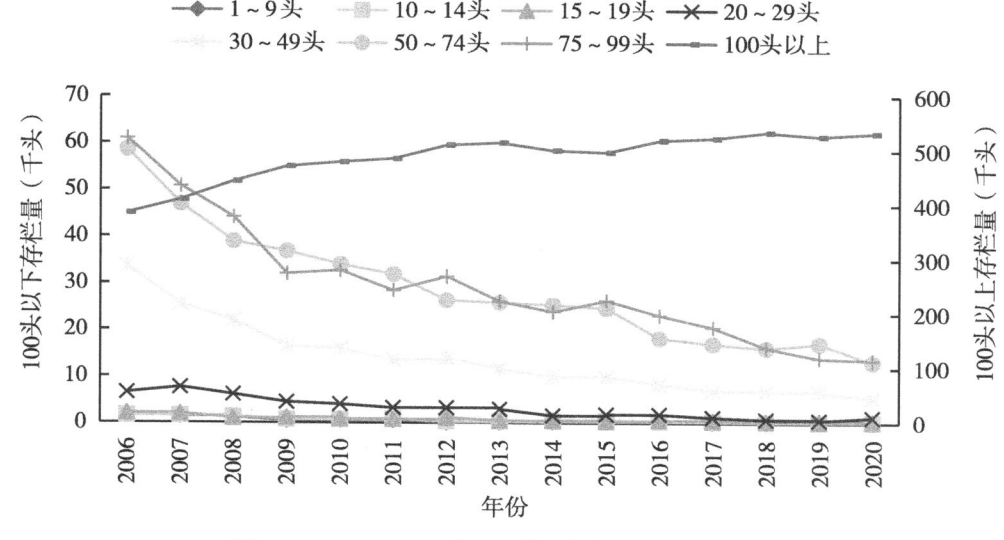

图 8-5　2006—2020 年不同养殖规模牧场存栏量情况
（数据来源：丹麦统计局）

图 8-6 所示，奶牛养殖主要集中在位于西部的 Syddanmark、Midtjylland 和 Nordjylland 三个地区，其存栏量总和占丹麦奶牛总存栏量的 95.4%。

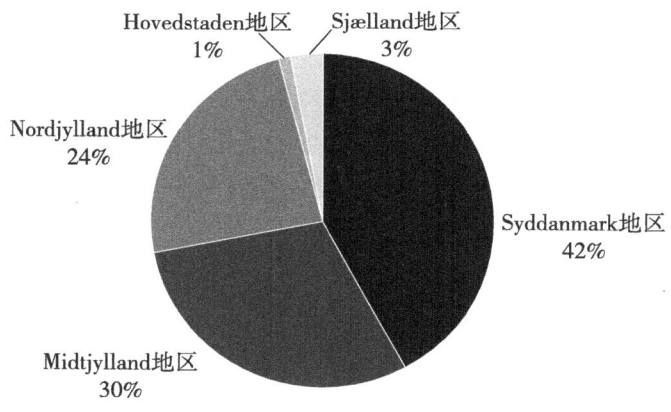

图 8-6　2020 年丹麦奶牛存栏地区分布情况
（数据来源：丹麦统计局）

8.1.3　生鲜乳销售

（1）丹麦乳品企业为控制质量，制定生鲜乳质量管理体系

丹麦奶产业链各个环节连接紧密，一体化程度高，乳制品的质量安全问题始终得

到高度重视，并且从源头开始抓起。生鲜乳质量以符合欧盟生鲜乳质量标准为基础，各乳品企业根据自身情况制定单独的生鲜乳质量管理体系。大部分牧场隶属阿拉福兹有限责任合作社（以下简称阿拉福兹），阿拉福兹作为一家以合作社模式运营的乳品公司，为了管控并保证生鲜乳的高质量，建立了全过程的牛奶质量控制体系，即 Arla Gaarden 质量管理体系。该体系包含牛奶成分、食品安全、动物福利和环境保护四个部分（表 8-2）。

表 8-2 Arla Gaarden 质量管理体系主要内容

项目	目的	控制标准
牛奶成分	努力使牛奶的成分满足消费者对终端奶制品的需求和愿望	①牛奶中的脂肪、蛋白质、矿物质以及其他成分必须保持正常；②牛奶必须新鲜、口感好
食品安全	从农场开始确保为消费者提供安全的奶制品	①牛奶不允许含有有害物质；②高卫生标准避免牛奶被污染的风险
动物福利	努力满足奶牛基本的生理和行为需求，增进奶牛的健康和福利	①奶牛必须处于健康状态；②奶牛必须在对动物友好的环境中被饲养、照料
环境考虑	鼓励农场采取保护环境、尊重自然的措施	①农场必须保护周边环境，维护文化地貌；②农场必须优化肥料的使用，并且进行风险评估，将危险化学品的使用保持在最低水平

企业通过这套质量管理体系规范农场提供的生鲜乳质量，若生鲜乳达不到该体系要求，体系也制定了明确的惩罚措施，包括罚款、降低牛奶的收购价格和暂时停收牛奶等，直到这些不足之处得到改正后，惩罚手段方可解除。另外，公司通过提供技术支持的方式，提高会员牧场养殖效率，保证生鲜乳质量。公司设有专门的技术支持团队，为会员牧场提供诸如牛奶采集、奶牛养殖等一系列的日常技术支持服务，并定期组织奶农会议、农场巡视和现场访谈等，农场主以此获得技术方面的支持，从而达到节本增效、提高质量的目的。2020 年，丹麦生鲜乳的平均乳脂率达到 4.30%，平均乳蛋白率达到 3.62%（表 8-3）。

表 8-3 2009—2020 年丹麦生鲜乳乳脂率和乳蛋白率情况

指标	2009 年	2015 年	2016 年	2017 年	2018 年	2019 年	2020 年
乳脂率（%）	4.31	4.24	4.33	4.25	4.24	4.32	4.30
乳蛋白率（%）	3.44	3.51	3.54	3.58	3.58	3.59	3.62

数据来源：丹麦农业与食品委员会。

（2）丹麦生鲜乳收购价格实行按质论价，并遵循市场发展情况

在丹麦，所有的奶牛场都遵循欧盟的生鲜乳质量规定，生鲜乳收购价格的制定一方面是根据乳脂、乳蛋白、细菌数、体细胞数、冰点等指标按质论价，另一方面，牧场与合作乳品企业之间也会有一套企业内部自行制定的定价体系。以阿拉福兹为例，

当牧场与乳品企业签订合约形成会员合作关系后，会员牧场有义务向公司提供稳定、符合上述公司质量标准的生鲜乳。为了保证会员的利益，公司承诺会为会员牧场提供符合市场行情，且具有竞争力的生鲜乳收购价，该价格每个月都会调整，调整的标准由公司代表委员会根据会员牧场所在区域的市场奶价波动情况制定。当市场奶价上涨时，企业生鲜乳收购价增长幅度会高于市场价的增长幅度，但是当市场情况不理想时，企业也会下调奶价，让所有会员共同承担市场损失。此外，在每年年底，公司将当年的利润作为第十三个月的补充工资发给会员牧场，当作本年度的利润分红。如果会员连续六个月未能达到提供稳定、优质奶源的要求，企业自动视为该农场退出合作社，同时牧场需要支付公司违约金。

丹麦统计局数据显示，自2009年起，丹麦生鲜乳价格虽有上升趋势，但仍然经历了几次较大幅度的波动（图8-7）。

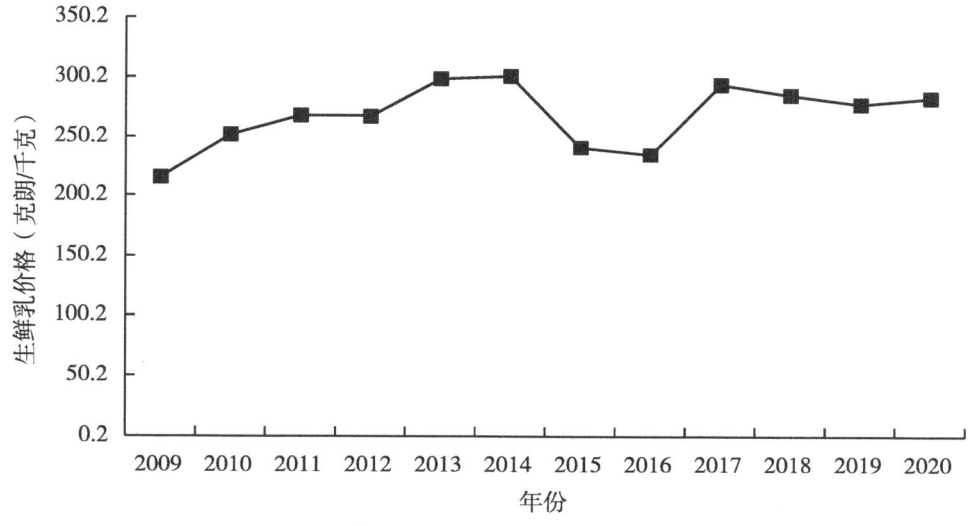

图 8-7　2009—2020 年丹麦生鲜乳收购价格

（数据来源：丹麦统计局）

8.1.4　乳制品加工

乳品企业的经营模式以合作社形式为主导。丹麦乳品企业经营模式包括合作社和私营两种形式。2020年，丹麦共有乳品企业24家，其中合作社企业7家，私营企业17家（表8-4）。虽然私营企业的数量多于合作社，但其乳制品加工仅占全国加工量的小部分。私营企业生产的奶酪占比由2001年的12.83%下降至2020年的7.18%，生产的液态奶占比由2001年的3.7%下降至2020年的0.05%，生产的黄油占比由2001年的1.74下降至2020年的0.28%（图8-8），粉类乳制品则一直被合作社企业垄断。

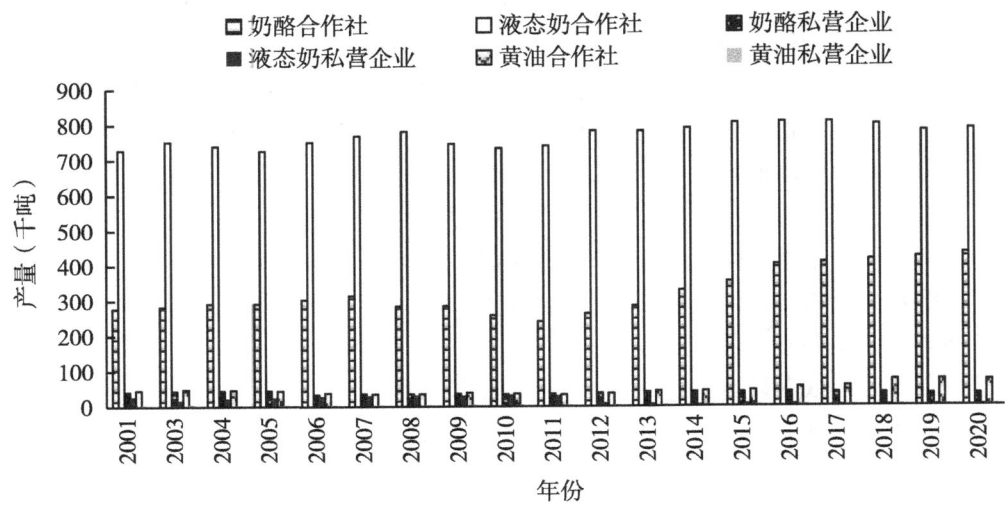

图 8-8 2001—2020 年合作社和私营企业生产奶酪和液态奶情况
（数据来源：丹麦农业与食品委员会）

乳制品加工仍在不断趋于集中的过程中。2001—2020 年，丹麦乳品企业的数量由 46 家下降至 24 家，加工厂数量由 83 家下降至 49 家。从产品类型来看，粉剂类乳制品加工企业在 2003 年之后一直由 1 家企业垄断，加工厂数量一直稳定在 4 家。黄油类、奶酪类、液态奶类加工企业分别从 2001 年的 18 家、37 家、13 家不断下降至 2017 年的 10 家、2018 年的 18 家、2015 年的 7 家，之后趋于稳定（表 8-4）。

液态奶加工稳定在一定水平，干乳制品加工呈增长趋势。2001—2020 年液态奶的加工量稳定在 70 万~80 万吨；奶酪加工量从 31.79 万吨增长至 46.77 万吨，增长了 47.1%；黄油加工量从 4.6 万吨增长至 7.26 万吨（图 8-9）；粉类乳制品加工量从 19.62 万吨增长至 25.33 万吨，全脂乳粉产量在 2010 年达到峰值后持续下降，脱脂乳粉产量则总体呈增长趋势，在 2017 年之后产量超过全脂乳粉，乳清粉产量在 2018 年之后大幅增长，2020 年已成为丹麦产量最大的粉类乳制品（图 8-10）。

8.1.5 乳制品消费

丹麦乳制品消费有良好的传统和悠久的历史。2020 年各类乳制品折合成生鲜乳年人均消费量 458 千克，粉类乳制品、液态奶、奶酪和黄油年人均消费量分别为 165.8 千克、126.4 千克、128.5 千克、37.3 千克。从历年消费情况看，2001—2020 年液态奶稳定在一定水平，而且略有下降；奶酪及黄油消费在 2011 年之后呈持续增长趋势，但奶酪消费增长明显，年人均消费量从 72.6 千克增长至 128.5 千克（图 8-11）；粉类乳呈波动增长趋势。

表 8-4　2001—2020 年丹麦不同类型加工企业数量变化

单位：家

企业类型	产品类型	2001 年	2003 年	2009 年	2013 年	2014 年	2015 年	2016 年	2017 年	2018 年	2019 年	2020 年
合作社	黄油	8	7	4	4	4	4	4	4	4	4	4
	奶酪	11	10	9	9	8	8	8	8	7	7	7
	液态奶	6	6	4	4	4	4	4	4	4	4	4
	总数	14	13	10	10	9	9	9	9	8	8	7
私营企业	黄油	10	9	8	8	7	7	7	6	6	6	6
	奶酪	26	21	14	11	11	11	11	11	11	11	11
	液态奶	7	7	4	4	4	3	3	3	3	3	3
	总数	32	26	20	20	19	19	19	18	18	18	17
	粉剂类	2	1	1	1	1	1	1	1	1	1	1
企业总数	黄油	18	16	12	12	11	11	11	10	10	10	10
	奶酪	37	31	23	20	19	19	19	19	18	18	18
	液态奶	13	13	8	8	8	7	7	7	7	7	7
总计		46	39	30	30	28	28	28	27	26	26	24

数据来源：丹麦农业与食品委员会。

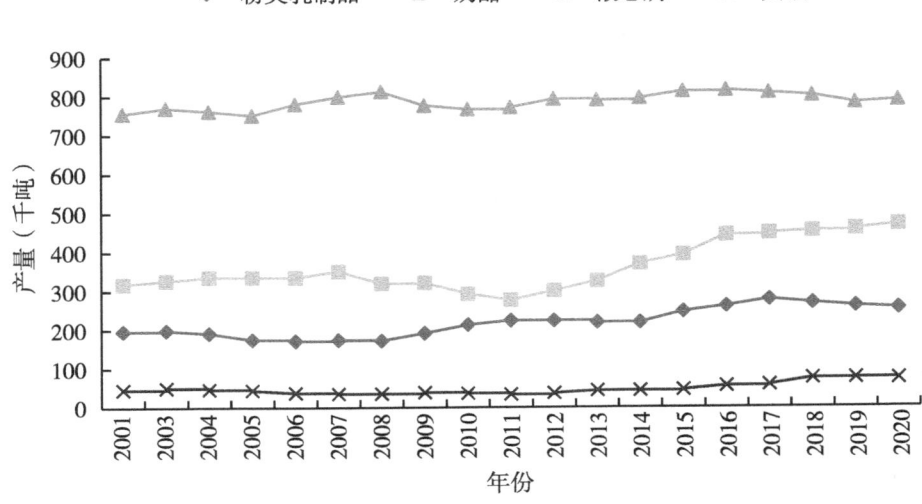

图 8-9　2001—2020 年丹麦不同乳制品产量情况
（数据来源：丹麦农业与食品委员会）

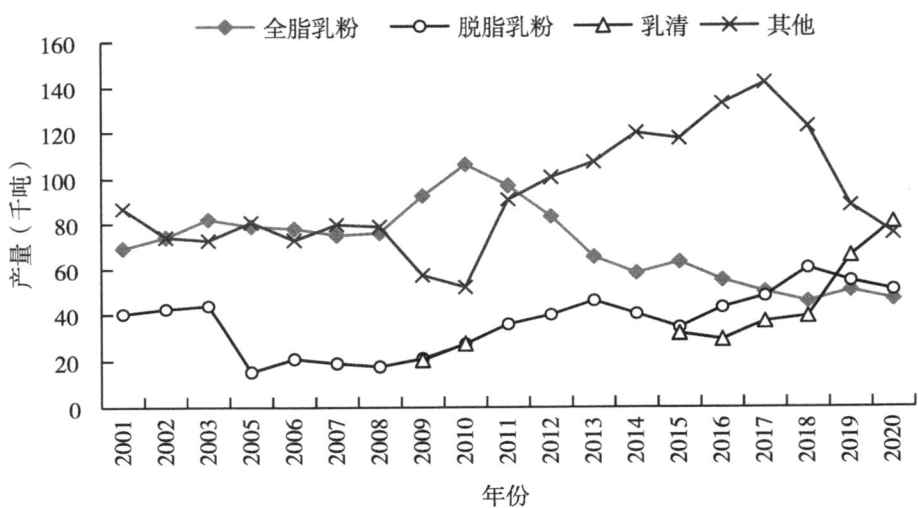

图 8-10　2001—2020 年丹麦不同粉类乳制品产量情况
（数据来源：丹麦农业与食品委员会）

8.1.6　奶业贸易

（1）丹麦乳制品贸易长期处于顺差状态

2000—2008 年丹麦乳制品进口额及出口额均呈持续增加状态，但出口额增幅大于进口额增幅，贸易顺差呈持续扩大趋势。2009 年之后出口额呈波动变化趋势，受

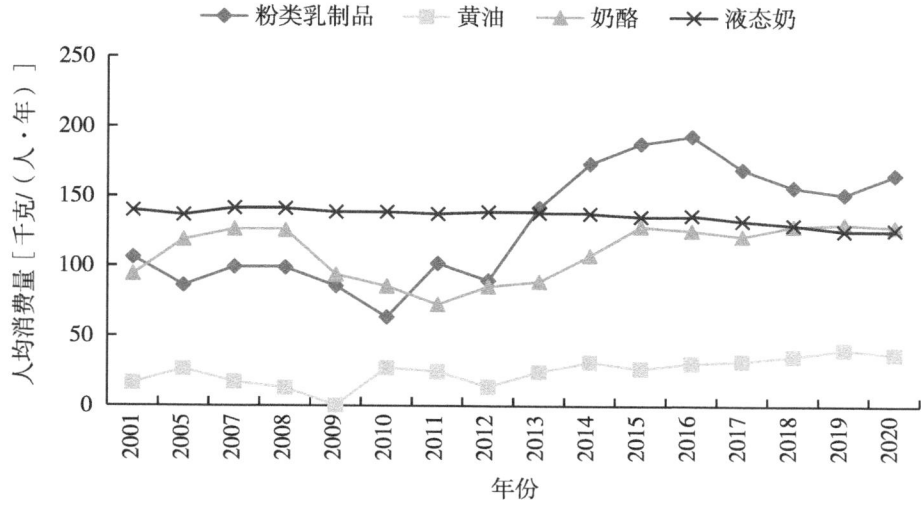

图 8-11　2001—2020 年丹麦人均乳制品消费情况
（数据来源：丹麦统计局）

金融危机影响 2009 年出口额大幅下降；受俄罗斯禁止进口欧盟乳制品影响，2014 年出口额大幅下降。进口额则稳定在一定水平且有小幅增长（图 8-12）。

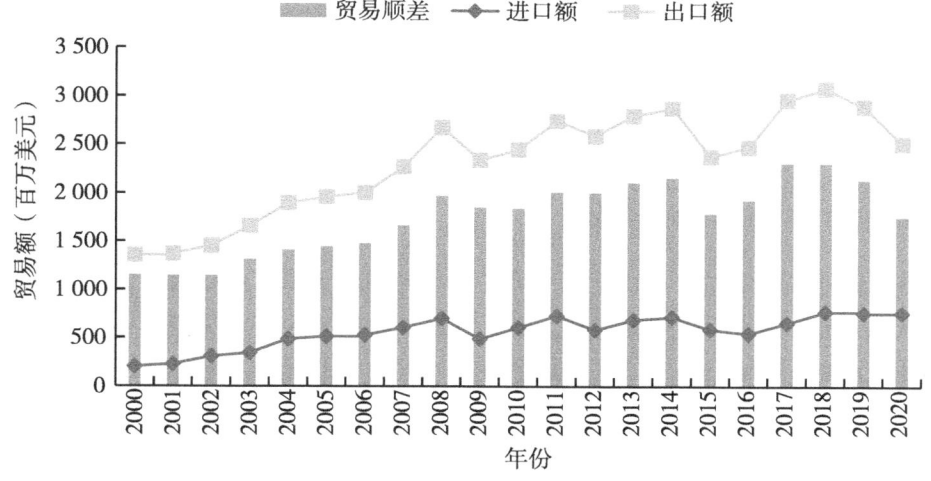

图 8-12　2000—2020 年丹麦乳制品贸易情况
（数据来源：联合国商品贸易统计数据库）

（2）乳制品贸易以出口为主，液态奶出口量最小，但增长明显

丹麦乳制品贸易呈现以下几个特点，一是乳制品贸易以出口为主，所有乳制品出口量均远大于进口量。二是出口的乳制品中，奶酪的出口量最大，其次是粉类乳制品，黄油排名第三，液态奶出口量最小。三是奶酪及液态奶的出口呈持续增长趋势，

黄油出口稳定在一定水平，粉类乳制品呈先升高后降低再升高的趋势。液态奶出口的增多主要是由于液态奶（全脂奶、脱脂奶和半脱脂奶）的显著增加（图8-13）。粉类乳制品出口量的波动主要由全脂乳粉和脱脂乳粉出口量的变化所致，2015—2019年出口量的增长主要源于乳清粉及婴幼儿配方乳粉的大幅增长（图8-14）。四是黄油转口贸易较多，出口量占生产量的比例奶酪为76%~90%，粉类乳制品为67%~98%，黄油为66%~145%，液态奶为3%~14%（表8-5）。

表8-5　2001—2020年丹麦不同乳制品进出口情况

类型	乳制品种类	2001年	2005年	2010年	2015年	2020年
出口量（万吨）	粉类乳制品	14.61	15.31	20.73	16.50	19.38
	黄油	4.15	6.23	5.22	3.78	4.85
	奶酪	25.22	25.78	26.07	32.95	39.90
	液态奶	2.72	6.22	6.84	9.96	10.61
进口量（万吨）	粉类乳制品	2.46	3.97	4.10	5.90	6.75
	黄油	0.88	3.97	3.88	1.58	0.88
	奶酪	4.88	6.86	7.60	10.21	10.14
	液态奶	1.94	5.03	7.03	5.59	5.54
出口量/生产量（%）	粉类乳制品	74.46	87.64	97.55	67.05	76.51
	黄油	90.22	140.32	143.80	84.00	66.80
	奶酪	79.33	76.86	89.19	83.95	85.31
	液态奶	3.60	8.28	8.93	12.28	13.49

数据来源：丹麦农业与食品委员会。

（3）黄油及奶酪主要出口欧洲国家，粉类乳制品主要出口亚洲国家

黄油主要出口欧洲及亚洲地区，出口欧盟27国呈逐年增长趋势（表8-6）。出口其他欧洲国家呈逐年降低趋势，尤其是2010—2015年降幅尤为明显，主要是2014年俄罗斯禁止进口包括丹麦在内的欧盟国家的乳制品所致。出口亚洲呈先降低后增高趋势，降低主要是由于对沙特阿拉伯和科威特在2005—2010年出口量大幅降低。2020年出口量排名前三的国家依次是英国、德国、沙特阿拉伯，这三个国家出口量占出口总量的38.8%。

奶酪主要出口欧洲地区，出口量整体呈增长趋势，出口占80%以上，其中欧盟27国占70%左右（表8-6）。出口亚洲地区呈先降低后增高趋势，降低主要是对沙特阿拉伯、阿联酋、黎巴嫩三个国家在2005—2010年出口量大幅降低。2010年之后的大幅增长主要是对这三个国家的出口逐步恢复，以及对日本、韩国出口量的大幅增长。出口北美洲呈逐年降低趋势，主要是对美国出口大幅降低。2020年出口量排名前三的依次是

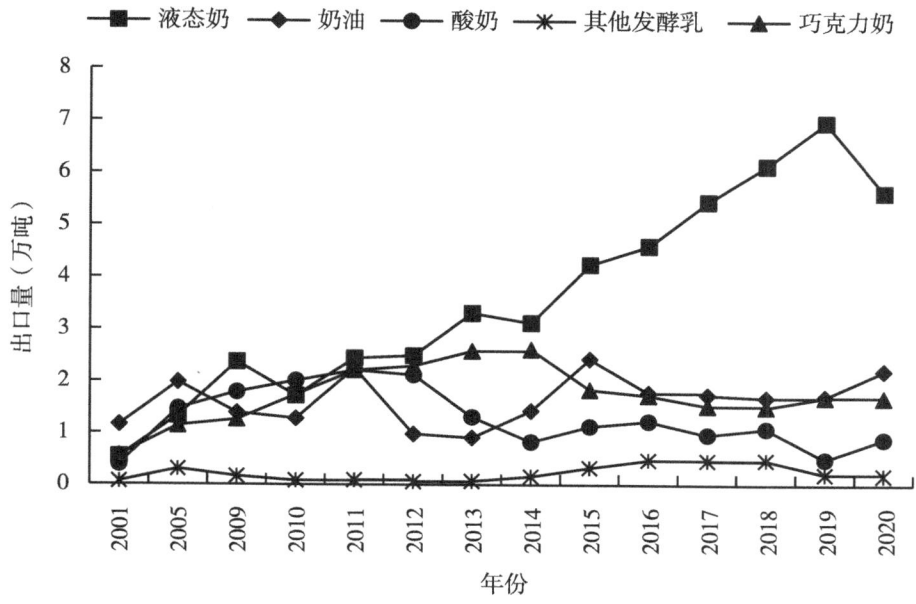

图 8-13　2001—2020 年丹麦液态乳制品各品类贸易情况
（数据来源：丹麦农业与食品委员会）

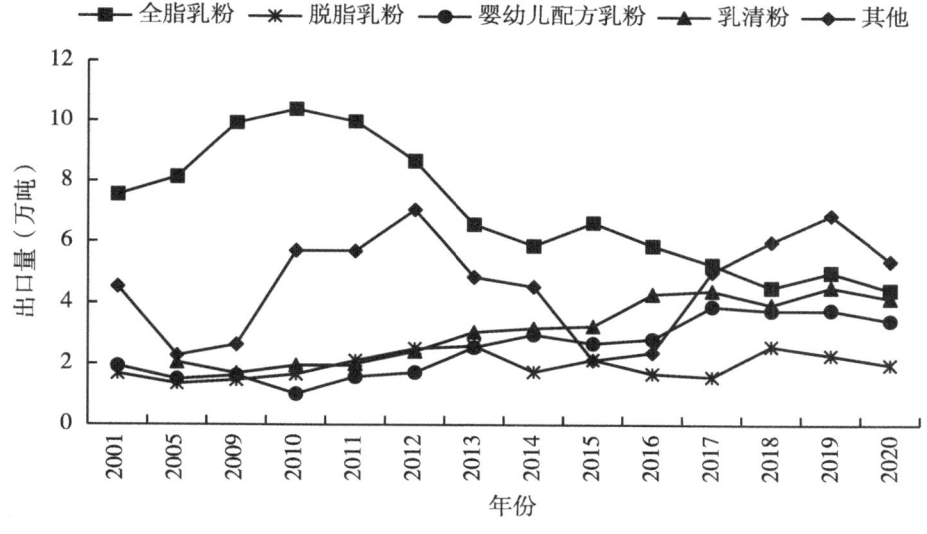

图 8-14　2001—2020 年丹麦粉类乳制品各品类出口情况
（数据来源：丹麦农业与食品委员会）

德国、瑞士、英国，这三个国家的出口量占总出口量的 51.1%。

全脂乳粉主要出口亚洲、非洲及中美洲和南美洲地区（表 8-6）。出口亚洲的在 2010 年达到高峰后大幅下降。婴幼儿配方乳粉主要出口亚洲地区，且呈逐年增长趋势，2020 年出口亚洲占总出口量的 56.8%。

表 8-6 2005—2020 年丹麦乳制品出口

单位：千吨

地区	黄油				奶酪				全脂乳粉			婴幼儿配方乳粉		
	2005年	2010年	2015年	2020年	2005年	2010年	2015年	2020年	2010年	2015年	2020年	2010年	2015年	2020年
欧盟27国	11.8	13.6	14.7	19.2	179.8	188.0	238.7	262.4	10.8	3.9	2.3	2.6	5.0	5.4
其他欧洲国家	34.1	30.3	6.1	7.7	26.6	45.0	45.5	64.4	0.3	0.0	0.0	1.0	3.7	3.6
非洲	2.6	1.3	1.5	1.4	1.4	1.7	2.7	3.9	14.3	7.7	5.3	0.2	—	1.1
北美洲	0.5	0.3	0.2	0.3	15.3	10.3	9.4	8.2	1.6	0.1	0.3	—	—	—
中美洲和南美洲	0.3	0.3	0.4	0.5	1.6	1.5	3.0	2.3	11.3	7.7	5.4	1.9	1.6	4.2
亚洲	12.9	5.9	14.3	18.2	32.5	12.6	26.0	53.7	65.6	43.9	25.2	4.5	16.3	20.0
大洋洲	0.2	0.4	0.6	1.0	1.5	1.7	4.3	4.1	—	—	—	—	—	—
合计	62.3	52.2	37.8	48.5	258.7	260.7	329.5	399.0	104.0	63.3	44.3	10.2	26.7	34.3

数据来源：丹麦农业与食品委员会。

8.2 中国与丹麦奶业合作现状

8.2.1 乳制品贸易

2009—2019年,中丹之间的乳制品贸易大部分年份呈现逆差及单边贸易状态(图8-15)。2013年起,中国从丹麦进口的各类乳制品的贸易额均呈增长趋势,其中奶酪、乳清和婴幼儿配方乳粉的增长幅度较大,婴幼儿配方乳粉的贸易额占比始终最大,原料奶粉的贸易额波动较大(图8-16)。

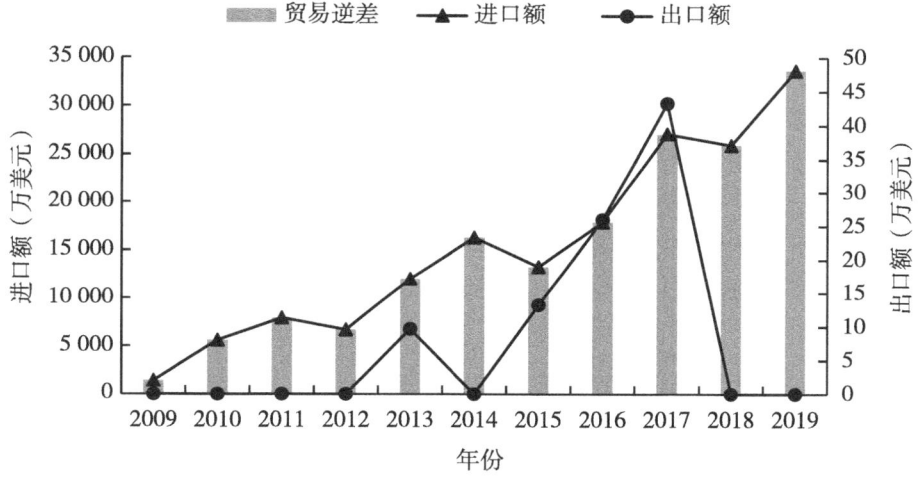

图8-15 2009—2019年中国从丹麦进口乳制品及贸易逆差情况

(数据来源:联合国商品贸易统计数据库)

8.2.2 行业交流

2012年,由中国和丹麦两国农业部门牵头,蒙牛和阿拉福兹共同建立中国丹麦乳品技术合作中心(以下简称中丹中心),该中心的目标是通过丹麦乳业向中国乳业传递知识和实践经验,提升中国乳业发展水平,打造出一个在公司、政府、组织、科研机构间分享知识和促进合作的平台。过去近十年的合作中,根据中国奶业发展实际,中丹中心着重从生鲜乳质量、生鲜乳生产后工段(挤奶)、人员培训、操作标准引入制定、效率提升等角度,逐步从基础到深入,开展多维度项目合作。这些项目的落地,切实推动了蒙牛的技术进步,尤其是在前端生鲜乳生产和牧场提升领域。同时,中丹中心通过一系列专业指导和培训让中国牧场主在精细化管理等方面获得了欧洲先进经验和有效的解决方案,受培训牧场主管理水平有了较大提升。一是率先引入

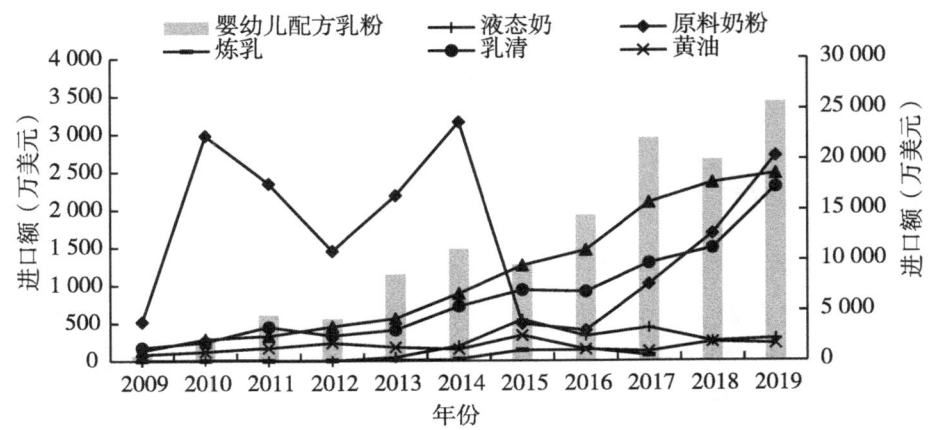

图 8-16 2009—2019 年中国从丹麦进口各种乳制品贸易额情况

(数据来源：联合国商品贸易统计数据库)

Arlagaarden 质量管控体系，通过与 Arlagaarden 的对标，提升蒙牛生鲜乳质量管控标准；二是通过引入图文并茂的丹麦牧场标准化操作规程，经过与数十位专家论证和本土化之后，形成了蒙牛乃至行业牧场从业人员的日常指导作业书；三是与 Foss、阿拉福兹多方合作开发生鲜乳指纹图谱检测模块，通过技术手段解决生鲜乳掺假问题；四是开展丹麦农场主进驻中国牧场项目，对蒙牛牧场进行跟踪指导，推动牧场单产水平提升。

8.2.3 企业投资合作

2012 年 6 月 15 日，蒙牛与阿拉福兹及中粮集团在丹麦首都哥本哈根签署一系列协议，阿拉福兹以 22 亿港元入股蒙牛，持股约 5.9%，成为继中粮之后的蒙牛第二大战略股东。合资公司以蒙牛母品牌为依托，借助阿拉福兹公司世界一流的研发体系和产品配方，生产高档、优质、易被消费者接受和喜爱的奶粉产品，合资公司由外方直接管理，组建婴幼儿配方乳粉生产厂。阿拉福兹在中国市场主打的品牌包括阿尔乐和爱氏晨曦，阿尔乐旗下有全脂牛奶、低脂牛奶、脱脂牛奶、有机奶、儿童风味奶及常温酸奶等品类，爱氏晨曦品牌旗下包括切片奶酪和奶油奶酪等干酪制品。

8.2.4 政府合作

2016 年首届中国丹麦地方政府合作论坛上，中丹两国签署六项合作协议，涵盖了农业、水处理、乳制品和有机农场、旅游、金融等领域。丹麦在这些领域内深化同中国的全方位合作，并分享其世界前沿的专业技术。加强地方政府之间的合作一直都是双边关系发展的着力点，同时，环境保护、基础设施、可持续能源、食品安全和健康等经济商业领域内的信息共享的展开也需要两国地方政府的参与。

8.3 合作展望

8.3.1 进一步搭建两国奶业合作平台，完善合作交流机制

近年来，中国与丹麦奶业合作不断拓展，农业主管部门、行业协会、科研单位、企业之间的沟通、交流不断深化。中丹中心的建立也为两国奶业交流与合作搭建了平台，形成了有效的合作交流机制。未来，两国应进一步加强奶业合作与交流，加强两国政府与行业管理部门的交流，完善合作交流机制，为两国乳品企业双向投资与共同发展提供更加宽松便利的环境。

8.3.2 进一步加强两国奶业全产业链的交流发展

丹麦作为欧洲奶业发达国家之一，多年来奶业发展过程中，在乳品企业与奶农间良好的合作关系、管理模式和利益联结机制等方面积累了大量经验，对我国奶业进一步推进一体化发展具有一定的借鉴意义。因此，未来两国应进一步加强产业链各环节的交流与合作。一方面通过访学、考察等方式深入了解双方产业链的发展情况；另一方面通过高校、科研单位和乳品企业之间的合作，针对奶牛养殖、牧场建设、奶牛选育、乳制品开发、质量安全控制、绿色发展等专业技术问题进行交流，实现行业人才的联合培养等。

8.3.3 进一步加强两国乳制品贸易合作

随着中国乳制品消费需求增加，近年来乳制品进口持续增加，中国作为丹麦的主要出口目的国之一，双方在乳制品贸易方面具有良好的合作前景，未来，两国应继续加强乳制品贸易合作，针对双方乳制品贸易情况进行沟通交流，最终实现合作共赢。

参考文献

李胜利，王锋，2014. 世界奶业发展报告[M]. 北京：中国农业大学出版社.
赵卓，陆骏飞，于冷，2008. 丹麦阿拉·福兹乳品公司的原奶供应模式、质量保证计划及其启示[J]. 中国畜牧杂志(22):45-48.